养育男孩

[美] 谢丽尔·欧文 Cheryl L. Erwin　[美] 詹妮弗·科斯塔 Jennifer Costa　著　玉冰　译

The Conscious Parent's
Guide To Raising Boys

·长沙·

只 为 优 质 阅 读

好
读

Goodreads

导 言

要当一个有意识的父母，你需要做的可不仅仅是照顾好你的儿子，更要把养育看作一个有意识地培养与教育的过程。你不但需要与孩子建立起牢固的亲子关系，更要帮助他从一个无助的小小婴儿成长为一个独立自主、自力更生的成年人。

生活中很少还能有什么事情比养育孩子更为重要的了。你可能想象过腹中孩子的出生，阅读过成堆的书籍、杂志，参加过育儿课程，还满心热切地与其他父母交流过感想。然后，你的宝宝——一个真正的、有血有肉的男孩——出生了。突然，一切都变得不像你曾经以为的那么清晰和简单了。

即使是最有爱心、最有诚意、受过最好教育的父母，也会对抚养男孩时的具体现实感到意外。刚开始时，你遇到的挑战还算简单：你希望他能好好吃、好好睡，偶尔能赏给你片刻的安宁。但用不了多久，他便开始形成他自己的个性。他会找到有趣的新方式来探索他的新世界。有时他还会用事实来证明他并不完全是你期望的样子。

除了需要了解孩子的性别会如何影响他的发育和行为之外，你还必须学会在情感层面上与他建立起紧密的亲子关系，以便你随时能在他的成长过程中做出恰当的选择。男孩的学习方式不同于女孩，他们各有不同的优势，也需要父母提供不同的帮助。

没有谁会比你更了解你的孩子。你必须自己决定要给你儿子提供些什么样的帮助，并用心在与他的共同生活中日复一日地坚持下去。你当然爱自己的儿子，但是，单单用爱并不足以将他培养成一个正直善良、适应力强的男人。你必须学会将你的爱心与智慧、判断力、理解力和自制力都良好地结合起来。做有意识的父母，意味着你需要学会善用自己的头脑，而且在需要时知道如何去寻求帮助、如何从自己的错误中吸取教训。

《养育男孩》一书将为你提供有益的信息和建议，助你凭借自己的智慧和经验，把孩子培养成一个有能力、有成就、健康且快乐的年轻人。

目录

第一章 正面管教：做有意识的父母
- 践行正面管教的理念 …………………………………… 004
- 男孩和女孩有什么不同？ ………………………………… 006
- "因材施教" ………………………………………………… 008
- 在期待与实际中保持平衡 ………………………………… 010
- 从现在开始进行长远规划 ………………………………… 011
- 需要思考的几个要点 ……………………………………… 013

第二章 父母是孩子最好的老师
- 你的经验会影响你的孩子 ………………………………… 017
- 依恋关系的建立：良好人生的开端 ……………………… 020
- 照顾好自己，才能照顾好孩子 …………………………… 023
- 培养和睦的夫妻关系 ……………………………………… 025
- 父母是孩子最好的老师 …………………………………… 027
- 需要思考的几个要点 ……………………………………… 028

第三章 如何养育男孩

- 培养亲子感情 031
- 建立心灵沟通 033
- 理解孩子行为背后的原因 036
- 倾听带来的正面反馈 039
- 寻找最佳的养育方法 042
- 传递归属感与价值感 043
- 需要思考的几个要点 044

第四章 迎接新生儿

- 适应新生儿的节奏 047
- 大脑发育 050
- 情绪教育 054
- 认知发育 055
- 了解宝宝的独特个性 056
- 男孩也需要拥抱 059
- 和善与坚定并行 060
- 需要思考的几个要点 061

第五章 学前宝宝的关键养育

- 给孩子营造安全的探索环境 065
- 培养语言能力与社交技能 068
- 培养同理心 072
- 试着去理解孩子的世界 073
- 一起保持对世界的好奇心 073
- 养成健康的饮食习惯 075
- 养成规律的睡眠习惯 078
- 如厕训练 079

"高科技玩具"并不是必需品 081
需要思考的几个要点 081

第六章 了解男孩的情绪世界
压抑情绪的潜在危害 085
情绪：大脑运转的驱动力 087
培养情感表达能力 089
男孩与愤怒 092
男孩与抑郁症 094
维护感情联结，从容应对人生挫折 096
需要思考的几个要点 097

第七章 父亲与儿子
父亲的重要性 101
学会表达父爱 104
培养儿子的同理心 106
以身作则：成为孩子言行的榜样 109
做一个跟孩子有感情联结的父亲 111
需要思考的几个要点 113

第八章 母亲与儿子
在爱与距离间寻找平衡点 117
母亲对儿子的影响 119
建立良好的母子联结 121
为成长腾出空间 125
陪伴玩耍的重要性 126
树立正确的两性认知 128
需要思考的几个要点 129

第九章 培养孩子的社交技能

- 培养孩子的社交技能 ... 133
- 朋友的重要性 ... 135
- 体育运动：自我拼搏的理想舞台 ... 138
- 玩耍：与同龄人相处的法宝 ... 140
- 霸凌：需要谨慎处理的问题 ... 141
- 与女孩的友谊 ... 144
- 支持儿子交友 ... 146
- 需要思考的几个要点 ... 147

第十章 青春期男孩的关键养育

- 了解青春期男孩 ... 151
- 青春期时的激素与情绪 ... 154
- 成年之旅：掌握爱和尊重的诀窍 ... 155
- 设立恰当的规矩与限制 ... 158
- 用心倾听 ... 161
- 应对青春期的常见问题 ... 165
- 享受跟儿子在一起的时光 ... 168
- 需要思考的几个要点 ... 169

第十一章 培养男孩的品格

- 品格培养 ... 173
- 以鼓励替代奖励 ... 175
- 培养责任感 ... 178
- 培养同情心 ... 180
- 鼓励诚信 ... 181
- 注重精神生活的发展 ... 182
- 培养坚韧独立的男子汉 ... 184

维护亲子关系的三步法 185
　　需要思考的几个要点 188

第十二章　如何应对有害行为
　　对酒精保持警惕 193
　　做个好榜样 195
　　进行一次开诚布公的探讨 196
　　说说你的过去 198
　　明确关心的限度 199
　　如何应对吸烟 201
　　需要思考的几个要点 203

第十三章　如何应对性行为
　　性行为的出现 207
　　如何开展性教育 208
　　做好开展性教育的准备 210
　　性活动的萌芽 212
　　时刻维护与儿子的感情联结 214
　　向长大了的儿子表达你的爱意 216
　　需要思考的几个要点 218

第十四章　培养男孩的责任感
　　教授必要的生活技能 221
　　平衡家务劳动与零花钱的关系 224
　　培养理财能力 227
　　在打工中学习 229
　　礼仪和尊重 231
　　在实践中鼓励自立 233

需要思考的几个要点 234

第十五章　单亲和重组家庭的养育要点
　　离婚对男孩的影响 237
　　离异后的共同育儿 239
　　在家庭和自我间保持平衡 243
　　营造新家庭的健康氛围 244
　　缓解孩子的角色负担 247
　　需要思考的几个要点 249

第十六章　帮男孩走向独立
　　帮助儿子做好独立的准备 253
　　掌握必要的生活技能 254
　　角色转变：从"父母"到"导师" 256
　　当儿子回家时 257
　　适应空巢生活 260
　　维护好与儿子的感情联结 262
　　需要思考的几个要点 263

第十七章　为自己和孩子喝彩
　　儿子成年了，欣赏他如他所是 267
　　对孩子的未来抱有信心 268
　　父母的角色转变 268
　　信任你的儿子 270
　　延续家庭传统和庆祝仪式 271
　　继续保持联络 273
　　多给自己一些信心 275
　　需要思考的几个要点 277

第一章 正面管教：做有意识的父母

做有意识的父母，其根基在于日常生活中你能有意识地维护好与孩子之间牢固而长久的亲子关系。过去那种以权威为基础的育儿传统固然会促成孩子对家长的服从，但有可能导致家长与孩子之间感情上的疏远。正面管教却与此大相径庭，有助于你与孩子之间保持健康的、正面的亲子关系。你会愿意接纳孩子的独特自我，用心去理解他看待世界的独特方式。凭借你对孩子的同理心和包容心，必能为孩子营造出一个安全的成长环境，让他知道你会认真听取他的想法、了解他的顾虑。当你注意到自己与孩子之间有了矛盾与冲突时，正面管教理念会提醒你，让你及时退后一步，反思一下，找到一个以尊重孩子个性和动机为基础的和平解决方案，而不是以愤怒或嘲讽来回击他。这样的养育方式有利于所有孩子的健康成长，男孩尤其如此。男孩和女孩之间存在着一些明显的生理差异，这样的差异会对他们各自的行为和发育带来不同的影响，因此，了解性别差异会如何影响孩子所做出的选择，将有助于你成为一名更加称职的家长。接受正面管教理念，不但能令你的育儿压力得到缓解，而且能让孩子的自我形象变得更为正面。你和孩子之间因此而建立起来的牢固纽带，以及你因此而表现出来的冷静而尊重的态度，必将有助于你儿子培养出积极而正面的行为模式。

践行正面管教的理念

所谓正面管教，指的并不是一套你必须遵循的规矩或条例，而是一套意识体系。做有意识的父母，意味着你要与孩子积极互动并建立起良好的亲子关系，要秉承正面管教理念而不是一味加以惩罚。当你跟孩子在一起时，你要努力把心思都放在孩子身上，而不要让电视和社交媒体打扰你们的亲子时光。做有意识的父母，意味着你要尊重孩子，接纳他，爱他如他所是。正面管教最为重要的根基，是你与孩子建立起的坚固感情纽带，这样你才能真正理解他行为背后的根本原因。

做有意识的父母，需要你用心去倾听孩子的声音，不带评判地接纳孩子，同时也接纳你自己。当你真正用心实践正面管教理念时，你会发现自己和孩子之间的感情纽带会变得更加紧密，你对如何做称职父母的认识会更加清晰，从而对你自己更有信心，对你的孩子更有爱心。

正面管教会带来许多好处，包括改善亲子沟通方式，增强亲子关系，给你们的生活带来更多的幸福感、更大的满足感。这些好处有的会很快显露出来，有的则需要一定时间之后才能逐渐显现出来。正面管教的另一个好处是，这份意识和用心最终能变成你们日常生活中的一部分。在反复不断的实践中，正面管教理念将融入你的血液，使你成为一个随时都能有意识地生活着的人，并能让这种理念成为你孩子的内在核心部分。

幸福感

　　做有意识的父母,意味着你明白自己每天所做的每一件事、所说的每一句话都是有意义的。这是一种着眼于当下的感觉,你活在当下,不会去担心过去与未来。当你能越发清晰地感受到自己的意识时,你会发现你变得更容易接受生活中那些你无法改变的事情,你内心承受的压力也会因此而减少。最终的结果便是你对每一天的收获都感到更加满意和享受。这种幸福感会让我们感到充实和满足,因为我们知道我们就是自己想要成为的人,知道我们正朝着自己当下的目标努力前行。

　　作为人类,我们每个人都身负发挥自身有用之处的工具。请认真评估你的天赋与能力,也就是那些使你不同于他人的特性和本领,然后,决定你要如何好好利用它们来增强你的育儿能力。如果你能对自己有一个全面的——不论好的、坏的、还是无足轻重的——认识,如果你能承认并接纳你自身的所有体验和感受,那么,你就迈出了走向正面管教的第一步。

同理心

　　通过做有意识的父母,你会获得一种全新的认知,不但能改变你对自己的看法,还能帮助你从全然不同的视角来理解你的孩子。一旦你的同理心使你懂得了孩子是如何感知这个世界的,是如何学习的，你就能以可以真正影响到他的方式与他进行交流。你的教学目标主要是通过你亲身做表率以及你所提供的范例来实现的。这样做你就能把你心目中看重的道德观、价值观和经验教训传递给孩子。了解男孩的性别会如何影响到他的行为，也会有助于你从他的角度来理解这个世界。

认可与接纳

你家孩子的自尊与自信，建立在你和家人所提供给他的认可与接纳的坚实基础之上。他越是能清晰地感受到他的自我价值感，就越是能有充足的勇气迎接生活中可能遇到的一切挑战。作为有意识的父母，你的大部分时间和精力将花在以孩子能够理解的方式来养育他、指导他、管教他之上。你还必须让他深切地明白你对他的爱，以及对他独有天赋的欣赏。

男孩和女孩有什么不同？

心理学家伊莱恩·阿伦[①]博士讲述了一个非正式的关于性别的小实验。一名婴儿被留在了公园里，身旁陪伴着一名看护，但看护声称她只是答应了孩子的父母帮忙照应几分钟，自己并不知道那小婴儿是男孩还是女孩。许多路人停下脚步来欣赏这个可爱的婴儿，但是每个人都因为不知道小婴儿是男是女而感到遗憾。有几个人甚至

[①] 伊莱恩·阿伦（Elaine N. Aron），美国临床研究心理学家和作家，出版了许多关于遗传气质和人际关系的书籍和学术文章。——译者注。**本书注释若无特殊标注，均为译者注。**

直接伸手扒拉小婴儿的衣服自己找答案。

孩子的性别往往是准爸爸和准妈妈对孩子的最早期盼之一,有的祈求自己能有一个儿子,有的则祈求自己能有一个女儿。为什么呢?男孩和女孩有什么不同吗?

最近数十年来,即使是科研人员也不愿过多地谈论性别差异。在妇女解放和政治正确的世界里,说女孩和男孩可能存在着本质上的不同是不那么妥当的。家长们似乎不得不摒弃自己对性别的"偏见",不敢向孩子灌输传统的男女之别。这里的逻辑是,小女孩不应该只能玩布娃娃,应该鼓励她长大以后去当警察、做医生,而不仅仅是"当妈妈"。

而小男孩所面临的挑战比这还要艰巨。你可能不会反对小女孩去追求身体的强健,但是,你真的不会反对小男孩去追求他温柔的一面吗?看着自家儿子在游乐场里翻跟头,家长可能会摇着头笑一笑,说"男孩子就是男孩子啊",可是,当他们看到那个小男孩拿起他姐姐的布娃娃,开开心心地坐下来过家家时,他们心里难免感到一丝担忧。

你对男孩和女孩的了解,大多来自代代相传的观念,来自你自己的父母、你的朋友和你周围的世界。比如说,你可能认为男孩力气大,女孩力气小;男孩都比较勇猛,女孩都比较怯懦;女孩哭一哭没关系,但男孩最好不要在公共场合哭泣。

研究学者丽贝卡·帕拉基安和克莱尔·勒纳[1]发现,当幼儿的玩耍内容符合传统观念(例如女孩玩洋娃娃)时,父母的反应要更正面

---

[1] 丽贝卡·帕拉基安(Rebecca Parlakian),克莱尔·勒纳(Claire Lerner),两人都是儿童成长发育及幼儿教育领域公认的专业人士。

一些，而如果幼儿的玩耍内容不太符合传统观念（例如男孩玩洋娃娃）时，父母的反应则往往偏于负面。这无疑反映了社会文化对于性别角色的观念，而且表明在孩子还很小时我们就已经开始向他灌输这些观念。

我们的社会文化允许女孩娇憨可爱，但要求男孩必须表现出应有的男子气概。即使在当今这个讲究妇女解放的天下，职业女性仍然承担着照顾孩子、做饭洗衣等大部分家务责任。为什么呢？因为我们的社会文化仍然认为这些都是女性该承担的工作。许多妈妈从未教导过儿子该如何做这些事情。

当你将自己的宝贝儿子抱在怀里时，当你看着他开始探索周围的天地时，你也许不止一次地想过，到底该怎么养育自家儿子？男子气概到底指的是什么呢？要让一个健康快乐的小男孩成长为一个健康快乐的大男人，你到底应该怎么做呢？

"因材施教"

作为男孩，儿子的男性性别只是构成他独特人格的众多特征之一。你越是多花心思去探索他的这些独有特征，包括他的性别，你就越是能与他建立起更加坚实也更有正面意义的亲子关系。

性别对每个孩子的性格和行为的影响往往因为一些具体因素而各不相同。比如说，有两个男孩都对篮球很感兴趣，都花了很多时间打篮球、琢磨篮球。第一个男孩对篮球这项运动更感兴趣，这份兴趣使得他决定要做一名体育老师，后来也真的成了当地中学篮球队的教练。第二个男孩的心思更多地花在了提高自己打篮球的技艺上。他对篮球比赛的热衷所带给他的影响，使得他以篮球特招生的身份进入了大学，获得了传媒学的学位，后来成了一名体育专栏作家。这两个男孩是有着一些共同点的。这些共同点对他们未来人生道路的影响，则因他们各自独特的个性和无数外部因素的不同而有了不同。

想想你家儿子有些什么与众不同的特点。他有没有什么特别的兴趣或是突出的能力？你儿子的独有天赋和独有体验构成了他的完整自我。他的性别只是你在忖度针对这孩子的养育方式时需要考虑的众多因素之一。

你对自家孩子独有特性的充分了解，有助于你营造出对孩子无条件的爱和理解的家庭氛围。许多男孩的家长在他们的家庭生活中成功地实施了正面管教这一理念，大大提高了男孩在成长中的快乐程度。

男孩子究竟该是什么样的？

请你花点时间，想想这么一个问题：如果有人让你描述男孩子究竟应该是什么样的，你会怎么说呢？你可能会描述一个喜欢到处奔跑攀爬、热衷打棒球或踢足球、在后院玩泥巴垒城堡的淘气孩子。你也可能会描述一个彬彬有礼、尊重他人、善良可靠、体格健硕、能够照顾好自己——至少在大多数时候——的少年人。或者，你描述的这个男孩可能穿着一条膝盖有洞的牛仔裤，脚上的鞋带松松垮垮，脸上糊着果冻，口袋里装着虫子，不愿示人以弱。又或者，也许你心目中的男孩是一个坚忍不拔的人，面对危险时勇往直前，面对挑战时无所畏惧。

但是，这是对一个真实男孩的准确描述吗？更重要的是，这是对你自家儿子的准确描述吗？有时，一个有血有肉的男孩会不符合他父母的期望，其后果则会给家里每个人都带来苦恼。

在期待与实际中保持平衡

你怎么看待男孩子，尤其是你会怎么看待自己的儿子，将会对一个小男童、少年以及后来成年了的他产生巨大的影响。你，作为孩子的家长，以你的一言一行，塑造着你儿子周围的天地，教导着他生活中真正重要的事情。往往在你自己毫无意识之间，你会把自己关于男人、女人、爱情、生活和成功的看法传递给他。他的人生之路首先是从你的视角开始的。如果你因此觉得这一项责任干系十分重大，那么，你说对了。

如果你非常想让自家儿子追随你的脚步，他却不肯这么做，那你该怎么办呢？人们通常会反感来自他人的命令，但来自他人的邀请则容易接受得多。你可以把你所喜欢的分享给你儿子，传授给他，但你不可强迫他成为他不想成为的人。唯有当他在你的引导和支持下可以自由地探索他自己的人生之路时，他才会是一个健康而又快乐的人。

所有的父母都对自己的孩子抱有一定期望,怀有某种梦想,你也不会例外。但是,作为有意识的父母,真正有爱心的家长,你要做的事情之一,就是把握好你对儿子的期望和你对儿子本身——尤其是他的内心和灵魂——切合实际的理解之间的平衡。

请回想一下你自己的童年。抚养你长大的家庭有着什么样的家庭氛围?那时的你对自己是否感到满意?是否觉得父母对你过于挑剔、要求过高?你觉得他们对你的兄弟姐妹又是怎么看的呢?你认为自己得到的父母之爱是偏多还是偏少?你是否有足够的归属感和价值感?是否需要拼命努力才能博取父母的认可?你觉得自己的童年生涯对你成年之后的生活有何影响?

每个孩子都生来就跟父母联结着感情纽带,每个孩子都天生渴望得到来自父母的爱、认可和支持。随着岁月的流逝,你一定会最终发现,你儿子的人生使命就是成为他自己。他会在某些方面满足你的期望,也会在许多其他方面出乎你的预想。

从现在开始进行长远规划

假如说,有人给了你一辆漂亮的、高性能的新车。假如说,你拿着钥匙直接跳上了车,没有去查看一番车子的轮胎、油箱或机油,没有想好要去哪里,没有准备地图,也没有带上午餐盒或是饮用水。你只管坐到了方向盘的前面,拧开了点火开关,然后踩下了油门。你觉得接下来会是什么结果?

有些时候,父母在养育孩子的时候也是这么冲动,结果便是每一天都让自己处在各种危机之中。你必须教你儿子学会自己睡通宵、爬行、走路、上厕所,然后自己去上学。他还必须学会自己做作业、做家务、开汽车，并在该回家的时候准时回家。人们往往很容易只看到眼前的挑战，而在你养育儿子的漫长过程中，你肯定会遇到很多很多的挑战。只顾眼前的做法在眼下可能挺有效的，但若是以你家儿子——或是你自己——长远的健康和快乐而言，这很可能并不是最好的做法。

养育的长远目标

我这里有个建议：请你假想一下，把时间从现在推延到 30 年之后，你的儿子那时已经是个成年人了。你希望他那时过着什么样的生活？他应该拥有哪些你认为很重要的品格？要成为一个成功的人，你觉得他需要具备哪些技能？等他真的长大之后，你希望他成为一个什么样的人？花时间与你爱人一起坐下来（如果你是单亲，也请你独自坐下来），好好想一想，再写出针对这些问题的答案。大多数父母会发现他们以前从未认真从这个角度思考过该怎么养育自己的孩子。

你可能会发现，你希望自家儿子将来是一个肯承担责任、有同情心、自信而且善良的人。你可能希望他受过良好教育、有精神追求、独立自主、有所成就。你还可能希望他将来能拥有稳定的人际关系，有幸福的婚姻和健康的孩子。

根和翅膀

将你希望儿子将来能培养出来的能力和品格逐一写到一张纸上，并贴到你会经常看到的地方。然后，在你和儿子一起跋涉在你们的生活之路上时，把你写下的那张纸当作能带领你们前往目的地的地图。弄洒果汁、乱发脾气、未能完成家务等，所有这些"糟心事"

都是让儿子学习的机会,是你教导他掌握走向成功所需知识与技能的好时机,也是维系能令你们终身受益的良好亲子关系的好时机。

一位智者曾经说过,家长的任务就是给孩子提供根和翅膀。他的根是他的家,是在他需要的时候总能得到爱和安慰的地方;翅膀是他可以自由翱翔天际的依仗。学习并了解你家儿子到底是一个什么样的人,必将有助于你为他提供一个坚实可靠的根,一双能让他在人生中快乐翱翔的翅膀。

需要思考的几个要点

养育男孩跟养育女孩有着明显的不同。在你为儿子制订正面管教计划之时,请认真思考一下几个要点:

● 性别只是你儿子的众多独有特质之一。即使某一种做法对某一个孩子颇为有效,它也不一定适合另一个孩子。

● 男孩也和女孩一样,需要父母的爱护、爱抚和无条件的支持。

● 思考一下你对自家儿子的期望,然后花时间把你对他的期望逐条写下来,做成一份备忘录。

第二章 父母是孩子最好的老师

你儿子的成长之旅，不但会受到他与生俱来的个性和特质的影响，而且还会受到你的个性、你是什么样的人、你采用的养育方式等的影响。作为孩子的父母，学会以开放的胸襟接纳孩子独特的自我，必将有助于他充满自信地成长。而要做到这一点，没有比正面管教更好的方式了。

你的经验会影响你的孩子

我们是怎么长成了自己现在这样的呢？这里有一个简单的解释：小孩子刚一出生就具备一些固有的特质和遗传倾向。他可能偏矮或偏高，长着金发或黑发；他可能天生体格健硕协调性好，或是天生就富有音乐细胞和创造力。他还可能天生偏于乐观，或是有些偏于消极。不论老天给了他些什么，他都会利用他生来就具备的能力去感受周围的世界，并决定自己该怎么好好成长，或是最起码，怎么才能生存下去。

每个人都需要为自己体验到的一切赋予一定的意义。在自己根本意识不到的情况下，我们会自动为生活中遇到的什么赋予某种意义，从我们是否被爱着、被需要，到我们是否聪明、可爱或是强壮。研究学者称婴儿的这些早期决定为一个人的"适应力"，并声称它构成了我们成年后的性格。毫无疑问,父母对孩子会滋长出怎样的适应力有着极其重大的影响。

你在自身成长过程中曾有过的体验、做过的决定,在你的大脑中沉淀下来,构成了后来你对人际关系(包括你与儿子的亲子关系)的反应模式。反思、理解和接纳你自己的童年经历,有助于你在儿子的成长过程中更好地理解他,改善他与你之间的亲子关系。

为人父母之时,你能做的最有价值的事情之一,就是花时间弄明白你自己曾经有过的体验,以及你因此而对自己和他人所做出的决定。医学博士丹尼尔·西格尔和医学博士玛丽·哈策尔在他俩合著的《由内而外的教养》[①]一书中,从神经生物学的角度出发,针对育儿提出了一些很值得思考的问题。请你花点时间思考下面几个问题,并把你的答案写下来。

● 在你的成长过程中,家里都有哪些人?

[①] 丹尼尔·西格尔(Daniel J. Siegel),加利福尼亚大学洛杉矶分校医学院精神病学临床教授,著名的精神病学家、神经科学家和作家。他在儿童和青少年精神病学领域做出了重大贡献。

玛丽·哈策尔(Mary Hartzell),儿童发育研究方面的专家和教育家,在幼儿教育方面拥有丰富的经验。

《由内而外的教养》(Parenting from the Inside Out)发表于2003年,作者探讨了神经科学与育儿之间的联系,讲解了理解大脑的运作方式为何会帮助父母与孩子建立更有效、更有益的亲子关系。

● 你和母亲的关系如何？和父亲的关系如何？你是否曾经想过要像（或绝不要像）你的父亲或者母亲？

● 你的父母是如何管教你的？你认为这对现在已经为人父母的你有何影响？

● 当你快乐、兴奋的时候，你父母是怎么对待你的？当你气恼、难过的时候，他们又是怎么对待你的？当你有情绪的时候，你父亲和母亲对待你的方式是否不同？有哪些不同？

● 你的童年对你的整个成年生活，以及你对于自己为人父母这件事的看法、对于你与孩子亲子关系的看法，产生了哪些影响？如果你能够针对你与儿子的相处模式做出一些改善，你会从哪些方面入手？

你可能认为你过去的个人体验和感受与你今天如何养育儿子没有什么关系，但是，令人惊叹的亲子依恋理论却告诉我们，事实并非如此。那些已经接纳了自己的过去、对自己有能力好好养育孩子，以及对孩子有能力成长为有用之才都充满信心的父母，才更有可能与孩子保持健康亲子关系。

从过往中学习

针对上述有关你童年时代的问题的思考，可能会勾起一些久远的回忆。也许有些会让你感到幸福，可还有些却可能让你感到悲伤甚至愤怒。花点时间梳理一下你的记忆，看看你在回首往事时是否觉得轻松自在。如果你能从生命的起点开始顺畅地梳理出你的生命轨迹，中间没有大的跳跃，也没有创伤或痛苦的感觉，那么你的往昔很可能也是清晰而顺畅的。

回首我们自己的以及他人的往昔故事，是我们理解过往人生的方式。研究学者告诉我们,在我们身上发生过什么事情并不重要,重要的是我们对发生在自己身上的事情所做过的决定。换句话说,你赋予自身体验和感受的意义,以及你是否学会了接纳你那独特的自我,比实际发生在了你身上的事情更为重要。

你的父母肯定对你的童年体验带来了影响,尽管这些影响有好也有坏。如今,你又正在影响着你儿子的体验。花点时间反思你都经历过些什么,思考今后你想怎么做,能有助于你明了该如何去理解和关爱你的孩子。

依恋关系的建立:良好人生的开端

直到不久之前,甚至连专家们都认为人类大脑只是独立存在于一个人的头骨之内。然而,当今新科技使科学家们得以观察到活体大脑的内部情况,他们的发现既令人兴奋又发人深省。你的大脑是一个时时密切与他人交流着的器官,与他人的大脑息息相关,而且会随着你人生的不断延展而出现结构上和功能上的改变。促成这些改变的最有力的因素,是你与家人、朋友以及生活中其他对你有重大影响的人物之间的关系。

当孩子得到的是可预测而且可重复的照料与爱护时,他就会对看护人产生一种依恋情感,我们称之为安全依恋。这份依恋所带来的安全感能给予孩子探索世界和健康成长所必需的幸福感。能否了解自己并让儿子与你建立起安全依恋关系,这对于他是否能有一个良好的人生开端至关重要。

安全依恋

大约一半的人享有过安全依恋。这意味着他们享受过父母或其他看护人的有求有应的照料与沟通，在情绪陷入紧张时得到过他们的帮助与支持。另一半的人则没有这么幸运。他们的父母不曾让他们享受过这种安全依恋，他们与他人建立牢固而健康的人际关系的能力也因此受到了影响。

正如西格尔和哈策尔在《由内而外的教养》一书中所指出的那样，你会如何回应儿子的感受对他来说至关重要。请想象一下，假如你家小男孩兴冲冲地拿了一只金龟子回来给你看，你可能会这么说："哇，你看它翅膀的颜色绿得好好看啊！谢谢你把它拿回来给我看。"又或者，你可能会这么说："哎呀！赶紧把那东西扔到外面去！"随着时间的推移，你的回应会促使你儿子逐渐确定你与他的心灵能贴得有多近，你对他的理解能有多深。

如何建立依恋关系

你可能曾经与你的父母有过这样的安全依恋的关系，于是现在的你发现要做到敏于观察、理解、回应、支持自己的孩子并不是什么难事，至少在大多数时候会是如此。然而，研究学者告诉我们，假如做父母的不愿意或不能够总是适时回应孩子，孩子就会要么自己远离父母，要么因自己与父母之间的关系而陷入焦虑。

受父母虐待、被父母漠视的孩子，长大后往往缺乏良好的分析与判断的能力、自我调节情绪的能力，以及与他人建立良好关系的能力。事实证明，儿时的安全依恋是我们在以后的生活中处理好人际关系的重要保障。

自己小时候没能享受到充足的安全依恋的父母，往往做不到及时回应孩子，很难与孩子心灵相通，他们要么把孩子推得远远的，要么把孩子抓得死死的。他们可能缺乏同理心，不知道该怎么处理孩子的情绪问题，也不懂得该如何给孩子提供恰当的爱护和照顾。不过，值得庆幸的是，我们并非命中注定只能重复犯我们自己的父母曾经犯下的错误。

以下几条建议，会有助于你家刚出生的小男婴和你建立起良好的安全依恋关系：

● 要接纳每个小婴儿都是独一无二的这一事实。有的宝宝生来性格平和、恬静，有的则生来就很挑剔、闹腾。请不要将你儿子与其他婴儿相比较，相反，你要尽量去领悟他的各种动作和暗示。

● 要密切关注你儿子的面部表情、肢体语言和他发出的各种声音。这些都是帮助你弄明白他需要什么的线索，比如他是困了还是饿了。

● 要密切观察你儿子对身体接触的反应，这样你就能知道怎么做能让他更愿意信任你、亲近你。

● 要多多陪你的小宝宝说话、欢笑和玩耍。而且，当你正在这么做的时候，请把你所有的注意力都放在他身上。虽说你可能因此无法完成所有的家务，但是，你会因此与儿子建立起延续一生的良好亲子关系。

请记住，熟能生巧，你越是多加练习，就越是容易理解你家宝宝的各种动作和信号。

照顾好自己，才能照顾好孩子

你儿子当然值得你把最好的一切都给他。他需要你的承诺与付出，你的时间与精力，你的耐心与爱心。不过，你也需花点时间思考以下这么一个问题：假如你总是把自己的需要排在一切待做事情的最后，那么，你自己的身体状况、精神面貌和情绪状态都会受到怎样的影响？你儿子会怎么看待他在这个世上的位置？又会怎么看待你的位置？若你始终只把儿子放在首位而忽略了你自己的需求，那么最终的结果可能会在你的意料之外，不再是你想要的。归根结底，做有意识的父母，意味着你不仅应该洞彻孩子的需求，还应该洞彻你自己的需求。任何讲求务实的人都知道，你必须首先照顾好自己，才能真正陪伴好孩子。

学会照顾好自己

请记住，你儿子会不停地观察你的一举一动，寻找生活中对他最为重要的各种事情的线索。如果他看到你尊重你自己，他就会学着尊重你；如果你向他展示该如何珍视和欣赏生活中的大事小事，他就会学着珍视和欣赏生活中的一切。而假如你的行为教会他的是但凡他想要什么就可以得到什么，他学到的当然就是向你索要无度，而且凡事以自我为中心。要养育一个身心健康的儿子，首先需要你自己是一个身心健康的家长。

保持身体健康

运动是一种非常有效的抗抑郁"药物"和抗焦虑"药物"。经常运动还能增强你的意志和毅力。定期花时间去做做瑜伽、跑跑步、打打球，或跟朋友结伴一起快步行走，都是不错的选择。要保持饮食健康，并尽量保证睡眠充足。如果能照顾好你自己的身体，你就能有更多的精力和耐心，以及更好的健康水平。

保持心理健康

家有幼儿的家长常常注意到，自己在跟朋友共进晚餐时，难免会干些荒唐事，比如伸手帮朋友切餐盘里的肉，或是在餐桌上大谈如厕训练。要时刻记得，你已经是一个成熟的人了。你可以选择每星期去一次兴趣班，或花点时间读一本好书，或享受其他令你愉快的活动。这么做绝不能算是自私，也不会伤害到你的孩子。当你有了自己期待的乐趣时，你会更容易忍受养育孩子所不可或缺的重复而又辛劳的日常工作。

维护人际关系

尽管你无疑很爱你的儿子，但你毕竟是一个活生生的人，需要来自亲朋好友的关心，维护好与他们的关系。所以，你要尽量为保持联络腾出时间；必要时，跟朋友的一通电话，可以帮助你和孩子度过生活中最为困难的某个时刻。你也需要常常跟其他孩子家长聚一聚，向他们取取经。当你知道你的育儿之路并不孤单时，你会感到从容很多。

维护心灵充实

你可能会在教堂、清真寺或其他场所找到力量和安慰；你也可能通过为环境保护或其他你所信仰的事业做些贡献来充实自己的心灵。无论你以什么方式来充实心灵，都应该尽量从日常生活中挤出一点时间来做你喜欢做的事。你的一举一动都是你儿子最好的榜样，你所珍视的价值观可以成为你们一生共同享有的宝贵财富。

照顾好自己才能照顾好家庭

你可能认为，既然你已经为人父母，那么，为自己做些什么就是自私自利，更何况把时间花在儿子身上和其他家人身上，也确实是很有必要的事情。但是，请记住，照顾好你自己，这并不是自私，而是智慧。请把你拥有的能量假想成装在壶里的水。每当你为他人做了什么事、处理了某个棘手的问题，或是做出了某种决定时，都等同于从你的壶里往外面倒了些水。可是，等壶里的水全都倒空了，又该怎么办呢？所以，你要想方设法不断地往你的壶里面注水，也就是说，你要花些时间，保持你自己在身体上、心理上、精神上的健康。这是你要做一个明智而有爱心的家长所不可或缺的功课之一。

培养和睦的夫妻关系

如果你是单亲家长，育儿过程中的快乐与挑战都需你独自品味。不过，如果你是与伴侣一起抚养孩子，那么你一定要花点时间思考这么一个问题：为人父母对你们的夫妻关系会产生什么样的影响。你可能以为生孩子只会令夫妻关系更加亲密，毕竟，孩子的出生会带给你们共同的喜悦，而且，看着孩子不断地成长、学习、探索他周围的世界,也会带给你们很多值得分享的喜悦。这些当然都是事实,但是,事情却并不总是那么容易。

华盛顿大学的约翰·戈特曼博士[1]在婚姻研究方面花了很多年的时间。他发现,40%—70%的夫妻在有了孩子之后有了更多的压力与冲突,对夫妻关系的满意度也会有所下降。

为什么?因为做母亲的总是要花很多的时间亲手照料婴儿,包括给婴儿喂奶,在婴儿哭泣时抱着他来回走动,以及在夜间多次起身安抚孩子。更何况刚生了孩子的女性有可能患上产后抑郁症,那就更没有精力陪伴丈夫了。另一方面,做父亲的则常常会觉得自己被母子二人组排斥在外,于是有可能自己想办法寻找其他消遣方式。而在有了孩子之后才形成的新的夫妻相处模式,以后会很难再有所改变,哪怕孩子逐渐长大也一样。等到他们的儿子成年了、走出家门之后,这对夫妻之间还能剩下些什么呢?

俄亥俄州立大学的研究学者发现,在孩子还是婴儿时,夫妻虽然关系良好但在育儿观念上存在分歧的话,待孩子长到了3岁,夫妻关系很有可能变得比以前差很多。你和伴侣就孩子的共同养育会做出怎样的决定,会影响到夫妻之间以后的关系。

---

[1] 约翰·戈特曼(John Gottman),著名的心理学家,人际关系学专家,以其对家庭与婚姻的广泛研究而闻名。他的戈特曼夫妻疗法通过提高沟通、理解和解决冲突的能力来加深夫妻之间的关系。

请记住，孩子会观察他周围的人，并根据他的感受赋予他认定的意义。在你儿子观察你们夫妻的相处时，他会赋予他所看到的以什么意义呢？大量研究表明，父母会如何解决冲突、表达爱意、互相支持、交流沟通乃至处理性关系，都会对他们的孩子产生巨大的影响。

所以，你一定要花时间经营好你与伴侣之间的关系，享受你们的生活，滋养你们的感情。要每天都挤出一点时间来，向对方表达爱意，与对方欢笑交谈。你的儿子会看到你们之间的互动，并从中学习。

父母是孩子最好的老师

要做到正面管教，你的任务之一是感悟你控制自身一言一行的价值所在，而不要总是试图控制你儿子。这事固然说起来容易做起来难，但是，认真反思你自己的想法、感受和言行，无疑是你与儿子建立温馨而牢固的亲子关系的一个最佳起点。

当你发脾气时（或是当你儿子发脾气时），你大脑中负责理性思考的那一部分就会"断电"，只留下你的五感和情绪在"控场"。因此，任何人在生气时都无法有效地解决任何问题。在跟儿子"开战"之前，请花点时间先让自己冷静下来，然后，再开动脑筋，思索他行为的根本原因，以及你和儿子都可以从这次经历中学到些什么。

你是你儿子最早的也是最好的老师。你怎么看待你自己，你对自己有过的体验赋予了什么意义，以及你会怎么控制你自己的言行，这些都会对你不断成长着的儿子产生深远的影响。

需要思考的几个要点

你的儿时体验会影响你养育自己儿子的方式。你的一言一行都是他的榜样，所以，如何表达你的观点，如何控制你的言行，都是正面管教的重要组成部分。

● 越早跟你儿子建立起安全依恋关系，越有助于你与儿子建立健康的亲子关系，有助于正面养育的顺利进行。

● 照顾好你自己，满足你自己在身体上、心理上和精神上的需求，这对于你是否有足够能力给予儿子恰当的照料至关重要。

● 你是儿子最好的老师，你的一言一行所思所为都对他以后会成长为什么样的人产生深远的影响。

第三章 如何养育男孩

作为有意识的父母，你已经知道花时间与儿子保持稳固的感情联结是养育一个内心快乐又安稳的男孩的关键所在。但是，究竟要怎么做到这一点呢？养育时你要用心，也就是说，把心思放在儿子身上，他就能对你产生深切的安全依恋，而这又能促使他对自己充满信心。可是，在现实生活中，当你被埋在了成堆的脏尿布和脏衣服中，孩子又在旁边哇哇大哭的时候，你大概很难做到自始至终都用一颗温暖的心去爱他。然而，只要你每天都能找出一定的时间与儿子亲近，你就可以维护好与他的感情联结，而这条牢固的心灵纽带必将令他在以后的生活中受益匪浅。

培养亲子感情

大多数的家长总会有很多很多的育儿问题。你可能想知道如何才能让小婴儿睡满通宵，如何帮宝宝做如厕训练，如何教他学会自己穿衣服。你可能在让孩子做家务、给他零用钱、督促他写作业时心有疑虑。又或者，你可能想知道让孩子加入某个运动队是否真的是一个好主意、到底可以允许他看多久电视，以及，是否该允许他玩电子游戏。你将在本书接下来的章节中找到有关这些问题的答案。

但是，在你能够解决上述这些有关养育儿子所必须面对的日常挑战之前，还有一件非常重要的事情你必须先做好，那就是跟你儿子建立亲子感情。

归属感和意义

孩子是通过与他人的各种人际关系来认识生活的，而他最早建立起来的人际关系最具影响力。无论孩子是何性别，有何天赋，外表如何，每一个孩子都需要有归属感，需要知道他在自己的家庭中能占有一席之地。尽管每个孩子都会有令人头疼的时候，但是，你仍需要让他知道，他能被家人无条件地接纳，得到家人无条件的爱。

事实上，最新的研究成果告诉我们，让一个成长中的孩子觉得自己能被父母无条件地爱和接纳，是父母能给予孩子的最为珍贵的礼物。花时间帮孩子建立对你的安全依恋，这对于养育一个快乐而健康的儿子至关重要。听起来很容易，不是吗？可是，你如果去问问任何一个家有坏脾气且不听话的三岁臭小子的妈妈，她一定会告诉你，要做到这一点可不像听起来那么容易。

孩子还需要能感受到自己的重要性，知道除了他做了什么、有了什么成就之外，他这个人本身就是有价值的，他需要能感受到自己在生活中做出的选择与决定是很有意义的。一个孩子但凡能觉得自己有归属感，自认在他的家中和这人世间有他存在的价值，那么，他以后在自己所属的社区中就更有可能成为一个有能力而且有贡献的社会成员。

我们有很多做法可以帮助孩子培养出健康的归属感和价值感，其中包括鼓励（而非奖励）、倾听（要真正用心）、陪伴（要舍得花时间）、管教（要有效而且尊重彼此），以及言传身教（生活所需的自理能力和良好品格）。

建立心灵沟通

几年前，一群专业医生、心理学家和其他研究学者开始研究一个令人不安的问题——美国儿童和青少年的行为问题和心理问题的发生率似乎都在上升，但没人能真正说清楚其中的原因所在。毕竟，如今我们的物质财富和生活舒适度正在不断提高，可为什么孩子却似乎活得更加痛苦了？

许多人都注意到，21世纪美国家庭生活的节奏似乎正在以令人惊骇的速度加快。如今，母亲和父亲都需要外出工作，孩子幼年生活的大部分时间在托儿所里度过，这样的现象已经很是常见（而且往往也很有必要）。即使一家人在一起时，也似乎没有多少时间可真正用来联络感情。每个人都在关注自己的电视、电脑和手机。还有家务没有做完，工作上的事还在你心中盘旋，而孩子则忙于他们的户外活动和成堆的家庭作业。能够一心多用固然很好，但是，一旦你的忙碌清单上多出来一条养育孩子的任务，那就是另一回事了。

如今，超过8%的美国高中生患有临床抑郁症；美国儿童群体的焦虑程度比20世纪50年代精神病患者的焦虑程度还要严重。大约21%的9—17岁的美国青少年患有可诊断的精神疾患或成瘾病症。这些问题的根源，都可以追溯到孩子与重要成年家庭成员缺乏感情联结之上。

感情联结为什么重要

今天的研究学者们认为,人的大脑从人一出生就自动开始执行一项特定任务,那就是与身边其他人联络感情。如果你是这个刚出生的孩子的父母,那么,这个"其他人"首先就是你。加州大学洛杉矶分校大卫格芬医学院的艾伦·肖尔[①]博士是这么说的:"也就是说,我们生来就需要与亲人建立安全依恋关系,我们的大脑天生就需要通过跟他人的情感交流来促进自身的发育和成长。这种人际沟通在我们能说话之前就已经开始了。"

简而言之,你的小宝宝需要与你建立感情联结,就像他需要食物、居所,以及安全感一样地不可或缺。当你抱着他,轻摇着他,凝视着他的眼睛时,你就是在帮助他的大脑构建与人沟通和将来学习的脑回路。儿子需要你付出大量的温柔、时间和关注才能茁壮成长。

与孩子的即时沟通

请假想一个熟悉的场景:此时是将近傍晚的时候,你的小宝宝正躺在婴儿床里小睡,而你则正在厨房里忙着做饭,为迎接孩子父亲归家做着准备。突然,你听到了宝宝的哭声。你会怎么做?我想,大多数母亲都会本能地立即放下手边的事情,前往卧室看看孩子怎么了。也许小宝宝刚刚醒来,渴望被你抱起来搂在怀里;也许他是

[①] 艾伦·肖尔(Allan N. Schore),美国著名心理学家,以其在神经心理学和亲子依恋理论领域的研究而闻名,为我们理解婴幼儿期的情绪体验会如何影响孩子大脑的早期发育做出了重大贡献。

饿了或者尿湿了床；他甚至可能在睡梦中发起烧来，感到浑身难受。

当你抱起小宝宝并仔细观察他为何会哭时，你为人父母的本能就开始发挥作用。虽然每一个家长都会偶尔做出误判，但是，绝大多数时候你肯定知道此刻该怎么做，而细心的你和你家宝宝此时所感受到的，就是研究学者们所说的"即时沟通"。这样的沟通时刻，很可能是促进孩子大脑发育、建立安全依恋所最为重要的一个环节，也是所有不同社会族群文化中为数不多的共通育儿手法之一。

我们再接着往下假设刚才的场景：事情并不顺利。也许是因为电视机开着，你完全没有听到小宝宝的哭声；也许你正陷在沮丧或是疲倦之中，不想搭理那哭声，总之你没有走过去看看他怎么了。又或许，你以为他是饿了，可实际上他是尿湿了床；抑或你没有注意到，宝宝发烧了，或是身上长疹子了。换句话说，小宝宝眼下的生理需求没有得到即时满足，你和宝宝之间没能达成即时沟通。实际上，没有哪个做父母的会是十全十美的，无论你付出多少努力，都会偶尔有做出误判的时候，但是，只要你儿子知道你会用心倾听他的声音、关心他、尽力满足他的需求，那么，他就会好好成长，而且是健健康康地茁壮成长。

由于男孩在情绪控制和社交技能的发育方面通常比女孩要晚一步，因此，花时间倾听他的声音、与他交谈、跟他多些肢体上的接触，这对于帮助儿子与你保持感情联结就变得格外重要。他需要与你保持良好的亲子关系，才能在以后成长为一个快乐而有本领的年轻人。

即时沟通意味着孩子发出的信号能被父母及时收到、正确理解，并当即做出恰当回应。只要父母跟孩子的沟通充满关怀和爱护，孩

子就能茁壮成长，他与父母的感情也会越来越牢固。所以，认真倾听并及时回应你的孩子，是你能为他做的最为重要的两件事情。

理解孩子行为背后的原因

父母常常为了试图塑造或是改变孩子的行为而花费大量的时间、精力和资源。我们有各种各样的管教手段，诸如惩罚、奖励、隔离、禁足、没收财物或收回特权等，目的都是控制孩子的行为。

然而，还有一种更为有效的做法，那就是让孩子能感受到与父母之间的感情联结，感受到他需要的归属感、价值感。无论孩子的行为是正面的还是负面的，那种行为的背后都有其根本原因，正如你对他的反应方式也会有背后的原因一样。这背后的原因可能很难发现，但是，在学习正面管教的过程中，你会逐渐学会如何去追本溯源。

了解孩子的行为动机

了解孩子行为背后的意念非常重要。为了能让你更好地理解这句话，我们来假想这么一个场景。你是一个忙碌的妈妈，不但要照顾4岁的儿子，还要在家里经营你的生意。也就是说，你必须经常花费大量时间打电话。这对你来说并不是个问题，但对你儿子来说就不一样了。跟所有的同龄小男孩一样，你儿子需要有归属感，需要妈妈的关注与关怀。而如果这孩子还是一个独生子，那么这意味着他需要的是你持续的、全身心的关注。

有天早上，电话铃再次响起，你坐下来与客户交谈。你儿子本来正在搭积木，快乐地建造着小房子，可是此时，他看了你一眼，叹了口气。你几乎可以听到他脑子里的声音——唉，怎么又来了。当然，他很知道该如何吸引你的注意力。

"嗯哼哼，"他哼唧着，拉扯着你的牛仔裤，"我要喝果汁。"

"嘘，亲爱的，我正在打电话。"你低声回应了他一下，又转头对着电话说道，"对不起稍等一下，我儿子找我。"然后你再转头对儿子说道："你知道果汁在哪里，"声音里透着一丝不耐烦，"自己去拿一盒。"

你继续打电话，你儿子自己走进了厨房。他从冰箱里拿出一盒果汁，但是，他在把吸管往果汁盒上的小洞里插的时候，"不小心"把半盒果汁洒到了地板上。当你走进厨房，看到满地的狼藉时，你儿子一脸"我没有，不是我，别问我"的表情，然后用盒子蘸着地板上的果汁，在厨房地板上画起了图画来。

教育博士简·尼尔森[①]指出，儿童的行为其实是一种"代码"，是在用自己的行动来告诉你他的想法、感受和需求。有时，他的行为是他被自己的错误意念所误导的结果，但是，只要你能找出他行为背后的意念，并与他一起解决摆在你们眼前的问题，你的教导无疑会更加有效。

你可以让他拿块海绵自己去收拾地板，但他已经达到了他的目

[①] 简·尼尔森（Jane Nelsen），教育博士，美国著名心理学家、教育家和作家，我所翻译的《正面管教》一书的作者，"正面管教"教育模式的联合创始人。该教育模式强调父母与孩子的相互尊重、理解和有效沟通。

的。如果你继续打电话,他会继续想出一些新花招来吸引你的注意力。长到了4岁的他已经弄明白一件事,那就是他表现良好时不会得到你的关注,唯有他干了坏事时才能引起你的注意。对年仅4岁的他而言,与其被妈妈忽视,不如让妈妈生他的气,毕竟这才更能给他一种妈妈在与他"联结"的感觉。

让孩子学会与你合作

此时你应该怎么办?孩子正在以他的不当行为博取你的关注,而你则需要找到解决问题的恰当方式。这里的关键在于你儿子似乎认为只有当你把注意力全放到他身上时,他才能感觉到你还是把他放在心上的,你需要预先为处理这种令人头疼的时刻做好计划,才能在出现问题时最有效地解决问题。对着儿子吼叫、说教,或是惩罚性地关他禁闭,都不可能真正解决问题。在想明白了你儿子不当行为背后的根源之后,实施你的行动计划。例如:

● **和儿子一起坐下来,让他知道你需要花一些时间打电话处理业务上的事情**。让他理解,你的这份工作让你可以在家里陪伴他,而且你非常看重这一点。然后,寻求他的帮助。(当我们主动征询孩子的意见、请求孩子的帮助时,他往往会表现出合作性和创造力,可当我们要求孩子服从命令时,他则可能会表现出抗拒与挑衅。)

● **问问儿子,当你必须打电话时,他是不是可以自己去做些什么有趣的事情**。也许你可以准备一个"电话包",里面装些玩具和绘本,在你打电话的时候递给他打发时间。

● **告知客户你的办公时间,并设置他们给你打电话的时限**。平衡好你的工作时间和家庭时间,会让你儿子更有安全感。你还可以每天专门设定半小时的时间作为你和儿子的特别时光，专门陪伴他，做些他最喜欢的活动或游戏。

● 给孩子专门留出一个零食小抽屉，当你因为太忙而无法给他拿吃食时，他可以自己打开抽屉，享用里面的健康零食。当然，一旦抽屉里的东西都吃光了，这一天就不会再有其他零食了。什么时候吃、要吃多少，都取决于你儿子自己的决定。而且，当你说不再有其他零食时，那就真的不要再给了，你儿子因此会学会慢慢享用抽屉里的零食。

● 用计时器帮助你儿子学会耐心等待。当你需要打电话时，请根据你认为需要的通话时间设置好计时器。如果孩子愿意，你可以让他帮你看管计时器，当计时器发出蜂鸣声时，他可以提醒你及时结束通话好陪他一起玩。

这些办法真能让你儿子不再来打扰你、寻求你的关注了吗？也许会管用一段时间吧。这些建议的目的是让你关注儿子的感受和他行为背后的意念，并帮助他学会与你合作。不过，在接下来的数年时间里，你肯定还需要与他进行很多次这样的谈话。弄明白儿子行为背后的意念，必将有助于你成为一个更冷静、更高效的家长。

倾听带来的正面反馈

大多数父母都很擅长对孩子说话。事实上，他们往往说得太多了，然后却发现说再多的话都似乎没人听。给好几代孩子（以及成年人）带来快乐的查理·布朗的老动画片中有一个有趣的情节，小主人公在那里做着他自己的事情，而他的父母或老师则在一旁发出"哇啊，哇啊，哇啊"的声音①。父母真的会对孩子这么"哇啊"吗？不幸的是，有些时候当真会是如此。

倾听你儿子的声音——认认真真地倾听——是你能为他做的最能让他感到鼓励意味的事情之一，也是最能帮他建立归属感、与你缔结良好亲子关系的做法之一。全神贯注地倾听（而不是你一边做饭或开车时一边听他说话），会让孩子知道你心里真的装着他，明白你是真的想了解他在想什么、有些什么感觉、做出了什么决定。

请想一想你会喜欢跟什么样的人交谈，这个人又做了些什么让你感到自己得到了他的理解和关心？他很可能会看着你，用积极的回馈鼓励你继续往下说，而且肯定不会每过30秒钟就看一次手表。

我们向自己所爱的人发出的许多信息都是非语言的，也就是说，那些信息都是通过我们的面部表情、手势、停顿和身体姿态等发送出去的。年幼的孩子对这些非语言信息特别敏感，几乎总能通过它们感受到你的真实想法。

你的儿子向你发出的很多信息也都是非语言的，这些信息往往体现在他的行为和态度上。当你和儿子说话时，一定要跟他进行眼神交流；

---

① 查理·布朗的老动画片，指的是由查尔斯·舒尔茨创作的一系列名为《花生》的漫画改编的电视动画连续剧，从1950年10月开始定期上映，到了20世纪60年代时已经变成家喻户晓的热门节目。该剧最具标志性的特色之一是对成年人说话时的特殊处理，每当成年人（比如小男孩查理·布朗的父母和老师）说话时，他们的声音就会被一串无意义且难以理解的"哇啊、哇啊、哇啊"所代替。这种创意不但为节目增添了幽默感，而且反映了孩子有时会觉得成人的话难以理解或毫无意趣的现实。这些老作品至今仍为人们津津乐道。

当他在对你说话时，你一定要用心看着他。尤其是在养育男孩时，行动往往比语言更为有效。所以，你一定要好好关注儿子的非语言信息。

在儿子的成长过程中，学会真正地倾听，是你应该掌握的最具价值的养育技能之一。以下是给你的一些建议：

● **每天抽出时间倾听。**在开车时或商店里跟孩子说说话固然很好，但是，真正的倾听需要倾注你的时间和关注。若你总是以太忙故没时间倾听为理由，那么你可能一直都无法真正了解自己的孩子。

● **倾听时一定要耐心。**许多家长会在孩子刚一开始说话就提出自己的建议、见解，或是讲一通大道理，然后还要奇怪为何自家儿子竟会抗议："你从来都不听我说！"如果你能心平气静地倾听儿子所说的每一个字，你肯定更容易知道该如何帮助他。你甚至应该在提出你的建议之前再多问一句："你还有什么想要告诉我的吗？"

● **一定要有目光接触。**如果你儿子的个头比你矮很多，请坐下来，或是想些其他办法，让你俩的眼睛处于同一水平线上。要知道，跟一个比自己高很多的人说话是很难感到放松的！你还要注意自己传递的非语言信息：你是否在微笑？目光是否严厉？是否因为想赶紧去做别的事情而不停跺脚？

● **保持你的好奇心。**你可能对儿子感兴趣的事物并无兴趣，甚至会感到不赞同。但是，解决问题的第一步永远是理解孩子，而理解则须从倾听开始。邀请儿子跟你分享他的想法、他的快乐和他遇到的困难，要舍得花时间，而且要表现出真正的好奇而非批判之意。

倾听，是进入你儿子的世界并了解他正在成长为一个什么样的人的最佳方式之一。只要你肯花时间倾听儿子的声音，你就会更加清楚地知道自己该如何引导正在成长中的男孩。

寻找最佳的养育方法

要弄明白你儿子的成长和变化，还有另一个关键之处。数十年以来，人们一直在思考这样一个问题，即一个人的成长环境、受养育方式或是他的基因，是否决定了他会成长为一个什么样的人。事实上，你儿子的性格（以及他的主要行为模式）的形成，不仅仅会受到他的先天特质的影响，还会受到他的体验和经历的影响，更会受到他针对自己的体验和经历怎么去解读、怎么去判定的影响。

从孩子出生的那一刻起，他就开始观察你的一举一动以确定他对生活的认知。就在他观察家中亲人和周围环境的过程中，他会逐渐形成他对于爱与接纳、男人女人、喜怒哀乐，以及他必须怎么做才能感受到归属感和价值感的判定。这些判定（大部分情况下他自己根本意识不到）将决定他以后的人生走向。在同一家庭中的不同孩子，尽管他们有相同的基因和成长环境，却很可能对是什么在"起作用"做出截然不同的判定，而这样的判定会最终通过他们的行为和性格表现出来。

在你家小男孩逐渐长大的过程中，你应该常常花点时间思考一下这样几个问题：他怎么看待这个家庭？怎么看待他自己？怎么看待你？他认为在他的世界中"起作用"的会是什么？你的思考结果，将有助于你做出更为明智的养育决定，让你和儿子之间的联结纽带更加牢固。请思考什么会让他兴奋起来，什么能激励他做正面行为。

比如说，是不是当你给他一个拥抱或其他表达喜爱的动作时，他更容易做出积极的回应？是不是当他可以靠自己的努力赢得你的准许（比如到公园去玩）时，他的表现会比平常更好？

传递归属感与价值感

在抚养儿子长大的岁月里，你会做出许许多多的决定。其中有些固然很容易，但有些则会不论对你还是对他而言都很艰难。你可能相信无论你要做什么都是因为你对儿子的爱，可是，你儿子知道这一点吗？

随着他一天天长大，你一定会有一些跟儿子起冲突的时刻。对每一个做父母的人而言，给孩子设定限制并坚持落实、选择并传授你看重的价值观，无疑都是十分艰巨的任务，而且你的一些决定不可避免地会与儿子的看法相冲突。你将学会友善而坚定地坚持你的要求，因为你知道这对你爱着的儿子来说是最好的。但是，他是怎么想的、有什么感受？他会怎么看待你、看待他自己？又会怎么看待他生活着的这个世界？他的想法、感受和认知，可能跟你的并不一样。

你一定要每天都花点时间问问自己，你是否把爱的信息——无条件的归属感和价值感——传递给了孩子。他的某些行为或是态度可能并不总能令你喜欢。你们俩可能都会有感到痛心的时刻。但是，只要你和儿子之间有牢不可破的感情联结，只要你总是愿意认真倾听，你们俩就会更容易度过这样的挑战时刻。

正面管教必须始终以爱为推动力。这种爱并不总能通过言语便足以表达。有意识地让孩子跟你分享他的体验与经历，在他表达他对胜利的喜悦或对失败的担忧时，以用心倾听来表达你对他的想法与感受的重视，都是你传递爱的信息的有效方式，远比单是口头上的一句"我爱你"更为有效。

需要思考的几个要点

帮助儿子在他的世界中建立起他的归属感和价值感，将有助于他在未来的成长岁月中与他人发展健康的人际关系。以下是你需要思考的几个要点：

● 男孩也需要知道自己是被父母无条件地爱着的，尽管他可能表现出各种让你感到头疼的行为。

● 即时的认真倾听有助于你和儿子建立起牢固的亲子关系。

● 孩子做不当行为的背后总会有一定的原因。找出原因所在，将有助于你找到最恰当的问题解决方案。

第四章 迎接新生儿

你现在可能已经知道，你儿子生命的最初几年，对于他在认知、社交和情绪等方面的发育至关重要，而且，这诸方面的发育还将为你们未来的亲子关系定下基调。即便他还仅仅是一个刚出生的小婴儿，也会知道与你交流，这为你最初倾听他的声音、了解他提供了机会。请关注你的新生小儿所给予你的任何信息，对他正开始显现的个性持包容态度，并用心与他建立起信任与爱的联结，也就是他将赖之以度过未来岁月的依仗。

适应新生儿的节奏

人类婴儿是最无助的生物之一。刚刚出生的小婴儿，完全没有能力自己抬起头来、翻个身，或是自行移动。事实上，婴儿需要相当长的一段时间才能弄明白在他面前舞动着的那东西是他自己的手，还知道他可以用这手抓握物体。在生命最初的日子里，宝宝白天大部分时间都在睡觉。(不幸的是，到了夜间则会是另一回事了！)

与新生儿共同生活

你还记得第一次看到你儿子的小脸蛋时的感觉吗？不管他的小

脸看上去有多么红、多么皱，你都立刻就爱上了他。你可能无数次地梦想过他出生后你们在一起的最初几天或几周的幸福与快乐。但是，有时候梦想在现实面前难免会有些褪色。你的宝宝可能会无休无止地哭泣，在你醒着的时候他要睡觉，在你想睡觉的时候他却醒来，而且总会在最不合时宜的时刻弄脏尿布或是吐奶。你也可能会发现自己对着成堆的婴儿礼物茫然无措，不知道这块小毯子是干什么用的，那件连体衣又应该从哪头开始穿。

在他最初的几个月里，你一定要有一名优秀的儿科医生，而且须是一名你可以放心提各种问题的好医生的帮助，因为你一定会遇到很多很多的问题。若你有几个曾经生过孩子的家人和朋友，也可以请她们做你的顾问，这无疑能对你有很大的帮助。

从身体发育的角度而言，小宝宝的成长顺序是先内后外、先上后下。最先发育完全的部位是他的心脏和肺部。他会先学会移动头部，后学会协调手臂和腿脚的活动，最后学会的技能是控制手指精细肌肉的活动。

没有人会天生就知道该怎么为人父母，所以你一定要用心去学，需要帮助的时候请不要犹豫。一般来说，在你和小宝宝一起生活的最初几个月里，你不应操心家里是否足够干净整洁，不要想着下厨招待亲朋好友或是装饰你家里的院子。要让你的日常生活尽可能地简单。照料宝宝需要耗费大量的时间和精力，而且你还应该优先照顾好你自己，尤其是要睡足了觉。

新生儿的养育

小婴儿并不是成人的迷你版。虽然他具有惊人的适应力,生来就有成长和学习的天赋,但是,他还不能像你一样懂道理、善记忆,或是知道该怎么自我克制。所以,你千万不可把宝宝单独放在一边,如果你必须这么做,那么你一定要把他安置在婴儿床或婴儿座椅里,以及其他安全地方,而且,只能是一小会儿时间。许多家长都有过令他们无比后怕的经历:他们本以为把宝宝放在沙发或床上"一分钟"不要紧,结果却发现宝宝偏偏选择了在这时候完成他的第一次翻身——直接翻到了地板上。

许多新妈妈都会经历一种常见的产后情绪低落,而这种情绪有大约十分之一的可能会引发产后抑郁症,这将会削减她与新生宝宝建立良好亲子关系的能力。如果你在生产之后感到易怒、疲惫、易躁、羞愧、不愿和朋友或家人在一起,或者觉得你可能会伤害到你的小宝宝,请立即寻求帮助。

即使是最爱笑的宝宝也常常会哭,这并不奇怪,毕竟哭是小宝宝能与人交流的唯一方式。当他累了、饿了、渴了、孤单了、太热了或太冷了的时候,他都会哭。有时,当他受到过度刺激时,他也会以哭来舒缓自己的情绪。只要用心去揣摩,一段时间之后你肯定能学会解读儿子的哭声,并适时满足他的需求。

在最初的几个月里,你生活中的一切似乎都在围绕着小宝宝转,而且事实上这很可能就是现实。不过,当宝宝长到大约 3 个月大时,他的生活通常会稳定下来，有了一套比较稳定的作息规律。你可以找到很多书籍和其他资料来帮助你确定该怎么照料宝宝的生活，并帮助他建立起良好的饮食规律和睡眠习惯。无论你偶尔会感到多么不知所措，都不要忘记享受这段宝宝出生后的美好时光。最初的这几个月往往会在你意识到之前就悄悄溜走。

大脑发育

不算太久之前，就连专家都认为，刚刚出生的小婴儿的大脑已经或多或少发育完毕，父母只需把各种技能和信息教给他就好。然而，你可能会颇为惊讶地发现，新生儿的大脑仍需要在未来相当长的一段时间内继续在他的颅骨里面生长发育。事实上，他大脑的前额皮质（位于脑前额里面）要一直等他长到20—25岁才会彻底发育完毕。

大脑如何发育

人类大脑的形成始于胚胎时期的一小组细胞。在怀孕的第四个月左右，这些细胞开始按照它们将来需要执行的功能进行自我分类，然后逐步迁移到它们各自需要占据的大脑部位。有些细胞在迁移过程中没法存活下来；而另外一些细胞则会结合到一起，形成一个个的"突触"，再联结成网络。

你家宝宝出生后，他的大脑会继续以惊人的速度发育。到了他2岁左右时，他的大脑将拥有与你相同数量的突触。到他3岁时，他将拥有超过一千万亿的突触连接——甚至可以是你的两倍。他与周遭众人的关系，他对周围的体验和感受，都会形成他的大脑突触，所以，你儿子的大脑成长依赖于你与他之间的关系和你对他的照料。感官的刺激、亲昵的爱抚、多接触新鲜事物等，都有助于激发他的好奇心和生长发育。

艾莉森·高普尼克博士、安德鲁·梅尔佐夫博士和帕特里夏·库尔博士在他们合著的《婴儿床里的小科学家：早期学习与大脑发育》[①]一书中写道，婴儿具有与生俱来的学习需求，并且从出生起就有能力感知他人的面容以及情绪的差异。婴儿似乎也会通过对周围的人和物进行"实验"来形成某种理论并加以验证，正如成年科学家们所做的那样。过去，研究学者曾经以为婴儿的大脑如一张白纸，但事实上远非如此！

研究学者已经证实，人类的大脑细胞中存在着一种"镜像神经元"，当你自己做某个动作，以及你看到别人做类似动作时，这种神

[①]《婴儿床里的小科学家：早期学习与大脑发育》(*The Scientist in the Crib: What Early Learning Tells Us About the Mind*) 这本书的三位作者都是脑科学领域里的领军人物。

艾莉森·高普尼克（Alison Gopnik），现任加利福尼亚伯克利大学心理学教授，儿童认知学领域的杰出学者。

安德鲁·梅尔佐夫（Andrew N. Meltzoff），现任华盛顿大学心理学教授，也是该大学脑科学研究院的两位院长之一。

帕特里夏·库尔（Patricia K. Kuhl），现任华盛顿大学教授，专攻与语言相关的脑科学领域，在儿童语言发育方面有杰出贡献。

《婴儿床里的小科学家：早期学习与大脑发育》发表于2000年。这本书深入探讨了幼儿的感知能力、认知能力和学习能力等主题，挑战了婴儿是被动学习者的传统观点。作者认为，婴儿实际上是充满好奇而且主动探索的科学家，从出生那一刻起就具有感知和认知周遭世界的能力。

经元都会做出反应。也就是说,当你和你家宝宝玩躲猫猫或挥手道"拜拜"时,他的镜像神经元就会对你的动作做出反应,并让他的大脑做好复制这些动作的准备,从而开始了他终其一生的与人沟通、学习、共鸣的过程。

研究学者如今认为,婴儿的早期体验——比如最爱他的奶奶的怀抱、在凉凉的水池里戏水,或是把玩可以用手拿着吃的食物——都会实实在在地刺激大脑突触的生长。婴儿的大脑具有惊人的适应力和灵活性,能够很贴合地顺应生命早期的各种变化乃至损伤。不过,在孩子的成长过程中,似乎还存在着一些获得相应重要技能的窗口期,比如学习语言的窗口期。大脑各种功能的发育遵循着"用进废退"的规律,而小宝宝的大脑能"用"到些什么,在很大程度上取决于你。

促进婴儿的大脑发育

不同文化、不同年代的父母们,几乎都本能地知道该怎么养育婴儿和促进婴儿的健康成长。父母对婴儿所做的许多自然行为,似乎都像是专门为了刺激婴儿大脑的健康发育而设计的。非营利组织"亲子促进协会"(Parents' Action for Children)针对如何与小宝宝建立良好亲子关系提出了以下建议,而这些做法同样有益于促进小宝宝的大脑发育。

- **及时回应宝宝的各种信号**。关注宝宝发出的信号并及时做出适当的回应,这叫作"顺应式沟通",对宝宝的大脑发育至关重要。
- **爱抚、说话和唱歌**。抱着他、跟他说话、对他唱歌,都能向宝宝传递你对他的爱意,还能让宝宝为学习语言和社交技能预先做好准备。

- **多给宝宝提供玩耍的机会**。玩耍对孩子而言就是他的工作，也是他了解自己的身体、动作和周围环境的方式。你不需要买花哨的婴儿玩具，让他在地板上爬、跟他唱拍手歌谣都是很好的游戏。

- **在安全的前提下，鼓励好奇与探索**。你家宝宝需要有活动的自由才能有机会了解他的身体（和重力原理）。家里要做好安全防护，然后让他在你的关照和鼓励下探索。

- **给宝宝留出独处空间**。过多的刺激甚至会让最乖顺的宝宝也开始发脾气。一定要给你儿子留出独处空间，容许他自己坐在那里观看、独自探索他的身体，平息他的情绪。只要你多加尝试，你的经验会帮助你在与宝宝互动和给他独处空间这两者之间找到恰当的平衡。

- **用规矩来教导宝宝，不可摇他、打他**。恐惧和痛苦不会给宝宝带来爱的感觉，也不会促使他健康学习，年龄越小就越是如此。你一定不可以用暴力来管教宝宝。

- **照顾好你自己**。你的小宝宝远比你以为的更能读懂你的情绪和心态。你的压力、疲惫或忧郁等都会影响到你们之间的亲子关系。妈妈罹患抑郁症会影响婴儿的大脑发育，尤其是在他出生之后的前6个月。所以，照顾好你自己，应该始终是你育儿工作中的首要任务。

- **谨慎选择婴儿护理者**。优质的护理工作能使孩子真真切切地受益，如何明智地选择婴儿护理者至关重要。父母应和护理者齐心协力，共同促进婴儿的健康成长。

- **爱你的孩子并享受他的陪伴**。请记住，你儿子需要感知到他的归属感，需要感受到他的存在价值和意义。无论你有多忙，永远不要忘记去挠挠他的痒痒、跟他一起大笑、与他亲昵拥抱。爱是所有感情联结中最为重要的因素。

情绪教育

有一点可能会让许多家长感到惊讶,那就是男孩也和女孩一样,有同样多的情绪,而且对情绪的感受同样强烈。事实上,正如你可能已经感觉到的那样,在婴儿的生命初期,男孩甚至可能比女孩显得更加脆弱、更加敏感。情绪——而不是逻辑和理性——是推动人类大脑活动[1]的驱动力。你儿子生命中的第一年,是你对他进行丹·金德伦博士和迈克尔·汤普森博士[2]所说的"情绪教育"的绝佳时机,即教导他如何清晰地理解和表达他自己的情绪。

你可能花了好多心血装饰你家宝宝的婴儿房,给他买了好些可供他观赏、刺激他大脑发育的玩具和其他物品。然而,你儿子最喜欢看到的却是你的脸。在周围所有可见的东西中,婴儿最喜欢看的是人脸。请多多凝视你家宝宝,跟他"大眼瞪小眼",让他能因此为理解你的以及他自己的情绪做好准备。请多对他微笑,看他露出笑容时也回以你的笑容;请多对着他絮叨、唱歌,他很可能会愉快地对你做出回应。

许多研究发现,父母与女婴"交谈"的时间要多于男婴。大多

---

[1] 指诸如思考、判断、决定、行动等。
[2] 丹·金德伦(Dan Kindlon),迈克尔·汤普森(Michael Thompson),二者都是当代著名心理学临床专家和研究学者,在理解和促进儿童及青少年——尤其是男孩——在情绪方面的发育有着卓越的贡献。

数父母在面对男婴时往往倾向于"动手不动口",比如"扔高高""挠痒痒",或者舞动小宝宝的胳膊腿。还有一些研究表明,幼时受到较少爱抚的男孩在进入学前班后往往有更多的行为问题。请你一定要多花些时间与你的小男孩面对面地"交谈",要多抱抱他。

认知发育

你可能遇到过这样的父母,他们给自己定下的目标是从宝宝出生第一天起就要努力将他培养成天才,于是他们千方百计地给宝宝各种刺激,对他进行"早期教育"。所有的家长都希望自己的孩子将来能有一个成功的人生。但是,小婴儿真的需要诸如认卡片这样的正规教育吗?

事实上并非如此。孩子最重要的早期学习是在他与周围的人际关系的背景下进行的,你家宝宝需要的是你与他的亲密关系。实际上,你和宝宝一起看书、陪他探索周遭世界,都是促进他语言能力和学习能力发育的好方法。

苏珊·吉尔伯特在《男孩和女孩的养育指南》[1]一书中告诉我们,我们每天对着婴儿说话时所用的词汇量,是孩子将来上学之后在智

---

[1]《男孩和女孩的养育指南》(*A Field Guide to Boys and Girls*),发表于2001年,作者将所有关于男孩与女孩从出生到青春期的生长发育的最新研究汇集成册,指出男孩和女孩之间存在天然差异,如果家长能有意识地培养那些可能发育较慢的领域,例如女孩的数学能力以及男孩的语言能力,则能帮助孩子更从容地应对成长过程中的不同挑战。

作者苏珊·吉尔伯特(Susan Gilbert),是《纽约时报》科学版的专栏撰稿人,也是一名记者,撰写了大量有关儿童健康和成长发育方面的文章。

力、学业成绩和社交能力诸方面最为重要的预测指标。跟孩子说话似乎可以刺激孩子正在发育中的大脑突触的形成。

不论你相信与否，电视（甚至"教育"节目）并不能促进孩子语言能力的发育。你家宝宝是通过与你"交谈"、聆听你说话、模仿你发音的方式来学习语言的。你可以带着宝宝一起唱童谣（教导孩子语言的抑扬顿挫），可以抱他坐在你的腿上，让他跟你一起看纸板书，指着图画中的物体说出它们的名称。就在你和宝宝一起分享词语和想法的过程中，日常生活就变成一个供他学习的美好实验室。但是，你不需要强行推动这种早期学习；事实上，一些研究学者认为，在孩子准备好之前就强迫他学习，实际上可能会让他以后的学习变得更加困难，甚至可能导致他在上学之后对课堂内容感到无聊或厌倦。

激励你家宝宝学习的最好方式，就是你自己对学习的热衷，并跟你儿子一起分享让你着迷的有趣事情。你们可以一起听音乐，欣赏图书、绘画，谈论你们周围的一切事物。你可以一边陪他玩一边跟他聊天。他当然不可能听得懂你说的每一个字，但是，他会通过你的声音和你脸上的表情而学到些什么。宝宝周岁之前最好的早期教育，就是你对儿子的爱，和你与他之间紧密的亲子关系。

了解宝宝的独特个性

每个孩子生来就是一个独特的、有别于他人的人。不消说，每一个做父母的也都是独一无二的人。在养育你家宝宝的过程中，你所面临的首要任务之一就是学会了解他的特质、他的长处，还有他的短板。他当然有长处也有短板，你也一样。随着你和宝宝一起生活、一同成长，你会越来越清晰地认识到你儿子的独特之处。从以下角度去探索，有助于你了解自家宝宝的独特气质。

- **活泼程度**。有些孩子生性安静，还有些孩子则永远静不下来。并不是所有好动的孩子都是"多动症"孩子。了解你儿子的活泼程度，会有助于你合理安排好他一天所需要的活动（或安静）量。
- **内敛程度**。你家宝宝可能生来含蓄，也可能会以戏剧性的极端方式表达自己。如果你儿子天生容易激动，你的工作就是及时帮助他冷静下来，用语言表达他的需求和感受。如果他过于内敛，那么你可能需要想办法鼓励他表达出心中的想法。
- **敏感程度**。你家宝宝可能哪怕赤脚走在滚烫的碎石路上也毫不在乎，或者反之，他可能会嫌弃衣服上的松紧带让他不舒服了，或是坚持认为他的袜子太紧了。孩子的敏感程度会显示出他处理视觉刺激、听觉刺激和触觉刺激的能力。他可能喜欢人多的地方，也可能渴望安宁的时光，有时他会需要你的帮助来满足他的需要。如果你家宝宝看起来过于敏感（或是过于不敏感），请向你的儿科医生咨询，看是否有必要做些检测。
- **规律程度**。这里指的是孩子的身体机能以及他的睡眠、饮食和排泄都有多大的规律性。比如说，18个月大的蒂米总是按时嚷嚷肚子饿，每天早上也会在同一时间排便；可是，他的小表弟彼得却从来都不会有这样规律性的重复。
- **坚持程度**。这个尺度所衡量的，是孩子在遇到挫折或没有立即取得成功的情况下，还能有多大的意愿仍然坚持专注于他手上的工作。了解你家宝宝对于挫折的忍耐度，有助于你知道该如何更好地教导他、鼓励他。

● **注意力分散程度**。你家宝宝有可能在他玩游戏或者看图书的时候自动屏蔽掉电视、收音机或是你与朋友交谈的声音干扰，或者反之，房间里的一点噪声和打扰都可能分散他的注意力。注意力分散程度通常是影响孩子在学校表现的重要因素之一。

● **接纳程度**。有些宝宝很乐于接纳新的人、食物或玩具，可还有些宝宝则会把头扭向一边，或是直接拒绝尝试新鲜事物。如果你家宝宝是个"慢热"的人，你的耐心、包容和细致的指点都是他在成长过程中最为需要的助力。

● **适应程度**。你可能有幸拥有一个可以在任何地方都能开开心心，也吃得好睡得香的宝宝。而适应能力差的孩子在日常生活发生变化时需要父母格外用心的帮助。

● **心态**。正如我们成年人一样，看到半杯水时，有些孩子会高兴地认为"已经有了"半杯，还有些孩子则会哀叹"怎么只有"半杯。一个人的心态——乐观或消极的倾向——似乎也是一种与生俱来的特质。你可以想办法帮助孩子看到生活中积极的一面，而不是责备他或者试图纠正他。

请记住，有什么样的独特气质，并不是任何人的错，尤其不是你儿子的错，那是每一个人与生俱来的一部分。作为一个明智的家长，我们要学会鼓励、培养和教导，而不是责备、说教或唠叨。了解你儿子的偏好和舒适尺度，会有助于你更恰当地安排好每一天，让孩子的日子尽可能过得愉快和轻松；而了解你自己的性情特质，也会有助于你预先知道哪些情况下你的偏好会与你家宝宝发生冲突，从而能预先做好合理安排。要将妥善解决这些冲突视作你育儿工作的一个部分。

男孩也需要拥抱

男孩子也需要温柔的爱抚。可是，在许多家长——尤其是父亲——的心目中，给男孩以温柔的爱抚似乎是件不妥当的事情。你可能会想，如果你经常把儿子抱在怀里，会不会把他养成娇气包？他会不会因此被惯坏了？长大后会不会没了他应有的男子汉气概？

经常被按摩、爱抚和搂抱的婴儿，比很少有机会跟父母肌肤相亲的婴儿脾气更和顺，体重增加得也更快。爱抚是一种非常重要的交流方式，尤其对还不懂得词语的小婴儿来说更是如此。

爱抚的力量

爱抚是宝宝能从你那里收到的首要信息。如果你很高兴见到他并对他的行为感到满意，你照料他的动作很可能充满了温柔和爱意，或许爱抚他的时间也会更长。可是，如果他已经哭了整整一个下午，怎么都不肯睡上一会儿，而你现在又必须给他换尿布了，那么，你的动作可能会更粗鲁、更干脆，少了些慈爱的味道。不管你是怎么做的，你家宝宝都会通过你的一举一动来了解你，了解他自己，也了解他所加入的这个新家庭的运作方式。

父亲也要爱抚宝宝

对许多父亲而言，爱抚宝宝可能是件很困难的事情。也许他们自己小时候就不曾得到过多少父母的爱抚，也许他们信奉的是我们文化中对待男孩和女孩的微妙差别，即女孩才需要得到来自父母的爱抚等身体接触，男孩不怎么需要。然而，一项又一项的研究表明，父亲的爱对于儿子的情绪发育和智力发育都非常重要。如果你是一个新手爸爸，不妨直接参与做一些照顾宝宝的家务，这能为你儿子的健康成长提供最好的帮助。请你花点时间替他换尿布，在他哭泣时安慰他；请你对他微笑、拥抱他、轻摇他。跟他一起玩摔跤、打闹等"男孩游戏"固然很好，但请你别忘记时不时地也给他些温柔的爱抚。

随着儿子的成长，爱抚在传达你的爱意和鼓励方面可能比你的言语更加有效。摸摸他的头发，拍拍他的背，在他遇到不如意的时候给他一个拥抱，这些都是加固亲子联结、传递爱之信息的好办法。

和善与坚定并行

活泼而健康的婴儿会做很多让父母担心、烦恼或生气的事情。你家宝宝正忙于探索他周围的世界，什么都能变成令他兴奋的小实验。把玩具或食物扔到地上是探索重力原理的好办法；撕纸会发出声音，而且很好玩。也许他对自己的身体尚未感到完全适应，因此每一天都可能与前一天有些不同的表现。他可能会觉得尖声高叫很有趣，能一连叫上好几个小时。他可能喜欢往家具上爬。还有，出于某种原因，小男孩总是很快就能发现遥控器和电话很有趣。有时做父母的难免会担心，如果不对自家宝宝加以管教，他是否会变成一个无法无天的小东西。

你家宝宝还没有能力将事情的因与果联系起来，因此，"关禁闭"或"行为后果"等管教手段须等他再长大些才能起作用。对小婴儿最好的管教手段就是好好盯紧了他,看到他碰到了不该碰的东西时直接把他抱开,并引导他做些你觉得他可以做的事情。

你可能会很高兴知道你大可不必去"管教"孩子,尤其是在你儿子满周岁之前。他不需要传统意义上的"管教"。事实上,当大多数家长在提及"管教"之时,他们心里想的其实只是"惩罚"。而小婴儿完全不需要任何惩罚。

"管教"这个词的字面意思,其实就是"教",这个词的拉丁语词根,与"学徒"这个词是同一个。你家宝宝在他生命的第一年——事实上,在你们今后共同生活的许多年里——所需要的,就是大量的教导。而要取得最好的教学效果,你就必须做到耐心、友善和尊重。

家长常常以为男孩比女孩更需要"管教",有时甚至会直接动手"给他一点教训"。但是,随着他逐渐获得表达语言和情绪的能力,更随着他与你的亲子关系里充盈着爱和尊重,他会逐渐学会尊重规矩、尊重你。大多数情况下,最好的做法是你一边发出坚定的声音,一边直接站起来,轻轻把宝宝从你不许他碰的东西旁抱开。当然,这样的动作你需要重复很多很多次。对年幼的小孩子来说,仅靠言语是起不到任何管教作用的,而大喊大叫只会让你们俩都感觉很不好受。温和而坚定的行动再加上不断的教导,才是最好的管教手段。

需要思考的几个要点

你儿子生命中的第一年是他迅速成长和发育的重要阶段。以下是你需要思考的几个要点：

- 为人父母并不是你与生俱来的技能。所以，有问题就请赶紧问！
- 及时回应宝宝给你的信号，比如他的哭声或"噢噢"声，有助于你和宝宝建立良好的亲子关系。
- 小男婴和小女婴一样，需要你的爱抚和情感支持。

第五章

学前宝宝的关键养育

只要你曾经跟学龄前的小男孩相处过一段时间，想必你不会惊讶于他们似有无限精力。没有谁能比3岁的小男孩更有体力了，毫无疑问，照顾这样的孩子很可能让你手忙脚乱。他精力充沛，行事冲动，甚至有些荒唐不羁。他有很强的好奇心，有时还会跟你对着干。但他也会很可爱，很友善，也很有爱心。养育学龄前阶段的小男孩会让你非常忙碌，生活常常充满挑战，但也非常值得回味。欢迎你来到学龄前男孩的世界！

给孩子营造安全的探索环境

虽然对孩子一概而论是不明智的做法，但是，家长绝对可以从学龄前阶段（18个月到6岁之间）的男孩和女孩身上看出一些明显的不同。大多数现有研究都告诉我们，以总体而言，小男孩往往比小女孩更加活跃、更争强好胜，而且，是的，更具攻击性。如果你总是期望你年幼的儿子能安安静静地坐在餐馆或教堂里，老老实实地遵守那里的规则，那么，你可能会感到相当失望。

男孩往往都好动。在他满周岁之前，他一般都会经历一段持续时间相当长的身体能量激增阶段。当然，每个男孩都是一个独立的个体，作为他的父母，你面临的首要的任务之一就是学会理解你儿子的独特之处。不过，大多数男孩确实都喜欢跑动、攀爬、摔跤、挖掘和探索。如果有一个锁着的抽屉或是一个黑乎乎的壁橱，你儿子迟早会发现它，并且想方设法要揭开它里面的秘密。

自我发现之旅

在这些忙碌的岁月里，你需要时常提醒自己，你家小娃其实真没打算反抗你或是挫败你。年幼的孩子要长到3岁左右才开始具备将事情的因与果联系起来、制订正式计划、进行合理思考的能力。虽然你儿子看起来像是天天都故意去做些你明确禁止的事情，但事实上并非如此。

在你家小娃的世界里，他生活中的一切都是供他不断尝试的实验室，让他能不断地了解他自己、他周围的人和他所处的环境。小孩子的学习过程就是反复去做、触、握、持、扔。你儿子要忙于了解他自己；而你作为他的父母，则需要看顾他、保护他，在必要时设定合理的限制，以友善、坚定和尊重的态度将其贯彻下去。

做好安全防护

一些家长认为，不应该为了怕孩子出事而把家里的东西都"坚壁清野"；相反，他们认为应该好好教育孩子，让他们知道永远不可触碰易碎物品或进入家中禁区。男孩子当然需要学会尊重规矩和界限，知道有些东西只可看不可碰，但是，学会这一切是一个需要时间和耐心的过程。因此，在这样的学习过程中，明智的家长学会了为活泼好动的小男孩营造出一块安全的探索空间来。以下建议可供你参考。

男孩在年幼时的冲动有可能会导致他的胆大妄为和刻意挑衅。如果不加以教导和引导，日后他可能会出现吸毒、酗酒、滥交以及反抗权威等问题。幼年时期是父母与孩子建立互为尊重的相互关系、练习遵守合理限制的重要阶段。

把安全放在首位

一旦你家小娃有能力自由活动了，你就一定要给电源插座装上防护盖，给抽屉和橱柜装上闩锁，并将化学物品和清洁用品放到他够不着的地方。你还要检查家里的各种电器，确保宝宝不会打开开关，电源线也须是完好无损而且不容易被咬坏的。在楼梯口和游泳池周围安装防护栏是明智之举。对好奇的孩子来说，发生意外事故的可能性总是存在的，所以，你一定要舍得花时间，尽可能地做好防护工作。

把易碎品挪到孩子够不着的地方

请你将易碎物品都挪到你儿子够不着的地方——至少现在你要这么做。3岁的小娃可能已经明白他不应该碰你的细瓷雕像，可他就是无法抗拒要抓过来把玩一番的冲动。请记得，你家小娃的归属感和安全感，远比你最贵的收藏品更加珍贵。所以，一定要把易碎物品都收起来，直到他长到能更好地控制住他的冲动的时候。这么做可以免除你们许多痛苦的（而且是不必要的）亲子之战。

营造一块安全空间

你应该在家中替孩子营造出一块安全空间，好让他在里面自由自在地玩耍和探索。你可以特意留出一间储藏室或是几个橱柜，方便你家小娃在里面堆放和把玩一些罐头或塑料容器。如果你耐得住噪声，家里的锅碗瓢盆就可以成为一套很棒的架子鼓，而且大多数小男孩都喜欢没事就过去敲打敲打。或者，你也可以将某个角落开辟成玩耍空间，那里不但有他喜欢的各种东西，而且你可以放心大胆地让他在那里玩耍。

留出孩子的"淘气"时间

应该每天都为你家小娃安排一些安全的、可接受的"淘气"时间，让他能尽情地做些跑动、攀爬等耗费体力的活动。只要他能有充足的"淘气"时间，那么到了安静时间时，你们俩都能得到更好的享受。

培养语言能力与社交技能

不论你是否相信，小孩子必须学习该如何玩耍。你家小娃最早的玩伴无疑是你，以及他在幼儿园、朋友家和公园里遇到的小孩子。在孩子还很年幼的时候，小朋友们之间的玩耍很少会是"面对面"的，而更有可能是"肩并肩"的形式。

越年幼的孩子"在一起"玩耍时，越是所谓的"平行"玩耍，也就是说，他们虽然坐在一起，但是每个人都只是各玩各的，并没有彼此间的互动。到了一定的时候，他终于开始注意到身边还有其他孩子，并开始对这些"奇怪的生物"感到好奇。小男孩的好奇方式可能是伸手去摸一摸或是戳弄几下，也可能是去抓对方的一个玩具，看看对方会有什么反应。

语言与玩耍

不消说，在小孩子学会了使用语言之后，与他人的社交活动往往变得更加顺畅。等小孩子掌握了一定的情绪处理能力，能够看懂对方的面部表情和肢体语言，并能以此来判定自己是否可以接近这个新伙伴时，事情就更容易了。许多研究都表明，女孩在玩耍中往往更善于相互合作。她们会一起商讨并制订游戏规则。男孩则往往形成有一个"小头目"的活动小组，而他们选择的活动通常都是需要花些体力的事情。

你家小娃无疑需要时间和练习机会来提高他的社交技能。请多多为他安排一些能与同龄孩子相处的机会。当事情出了差错时（这显然是不可避免的事情），不要惩罚他、责骂他；相反，请花些时间跟你儿子一起探讨刚才发生了什么、为什么会出现那样的结果，以及下一次该怎么做才能得到更好的结果。

有一位心理学家发现，女儿多半会向母亲诉说令她感到难过的事情，征询解决办法，而儿子则多半会诉说令他感到愤怒的事情，以及他想如何报复回去。你可以使用"好奇问法"，比如提出一些类似"今天最让你开心的是什么事情？""你觉得怎么才能让你的一天过得更快乐一些？"之类的问题；同时，以友善的态度引导孩子思考，帮助他更好地理解自己和对方的感受，解决好与小伙伴之间的冲突。

如何应对孩子的打闹

男孩肯定比女孩更容易"动粗"，或是跟对方比个高低。当他们遭遇挫折时，他们更容易以踢、咬、扔等动作来发泄。研究语言发展的学者认为，小男孩的攻击性可能与语言的发育程度有一定关系，说话较晚的孩子常常因不知该如何表达而感到气急败坏，然后便以发脾气或抗拒的形式表达出来。

你需要让你家小娃明白，伤害自己、伤害他人、损害东西都是你绝对不允许的事情。但是，此时你打他骂他并不能让他明白这个道理；相反，你一定要先花点时间冷静下来，想清楚孩子做不当行为背后的原因所在，然后，帮助他也弄明白他那么做的原因所在。在需要的时候，你可以直接动手，轻柔地将你家小娃或其他孩子抱开。然后，等到你和孩子都已经平静下来后，一起寻找问题的解决方案。

如果事情牵扯到了其他孩子，那么把其他孩子也拉过来，一起说一说刚才各自的感受。你还可以告诉孩子你自己的感受，比如说："看到你踢小狗，我心里又难过又担心""你打我的时候，我可痛了，我不允许你再这样做"。在跟你家小娃谈论这些事情时，要保持冷静，提高你的音量永远不是好事情。

分享的艺术

跟人分享自己的东西是件很难的事情。事实上，你可能会看到一些成年人也不太情愿把自己的东西分享给别人。对还很年幼的、尚未能接受自己并非家庭小宇宙的中心的孩子来说，这几乎是完全不可能的事情。但是，如果你是三四岁孩子的家长（或是老师），教导孩子学会跟弟弟妹妹或是同班小朋友分享，就变得非常重要。"要跟妹妹分享"可能会是你经常对你儿子说的一句话，但不幸的是，在你给他相应的训练和足够的练习机会之前，他的反应往往会是噘起小嘴，甚至更用力地抢夺他的玩具。

要教导你家小娃学会分享，需要你花费不少的时间。请记住，你儿子现在还不懂得该如何跟人谈判或是妥协退让，而且他可能还没有学会说话，也没有足够的克制能力。你可以通过自己的亲身示范来教导他该怎么分享："这里有一块饼干。我给自己掰一小块，再分享给你一小块。"你也可以教他如何跟人轮流玩："我先把球扔给你，然后你再把球扔回给我。"

你还可以引导在一起玩的两个孩子用语言来表达自己的意愿。比如，你可以这么对儿子说："我看得出来，你想要玩杰西的玩具。你该怎么跟她说呢？"如果你儿子此时回应说："我可以玩这个玩具吗？"你应该给他一个赞许的笑容，然后转头帮助杰西思索她该如何回应。（请注意，答案并不一定非要是"好的"不可。"等会儿好吗"也是一个合适的答案。）

分享，正如同许多在成年人看来是理所当然的能力和观念一样，也是一门小孩子必须反复练习的艺术。就像在你家小娃生活的许多其他方面一样，你应该让自己成为他最好的老师，最好的榜样。

大脑研究学者告诉我们，孩子要长到大约两岁时才会发育出"自传体记忆"[①]。在他有这个能力之前，你家宝宝对自己、对时间的认知跟你是完全不一样的。所以，当他告诉你他"不记得"发生过什么事情时，他说的很可能是大实话。

你家小娃需要大量练习才能学会与同龄人和平相处。即使是最

---

① 记得自己经历过的事情。

好的好朋友之间有时也会闹别扭。每当遇到这样的时候，请你保持冷静，确保每个孩子的安全，并拿出充足的耐心，反复教导孩子学习该怎么跟小伙伴维系友谊。

培养同理心

许多研究表明，幼儿对他人的感受非常敏感，而男孩可能在这方面比女孩更有洞察力。对大多数学龄前幼儿来说，同理心似乎是一种与生俱来的特质，但是，如果你不在一旁加以精心的培育，这种同理心有可能会随着时间的推移而逐渐消失。该如何滋养你家正在成长中的小男孩的同理心，以下是几条建议：

- 让你家小娃与你建立起安全依恋关系。与爱护他的成年人建立牢固的感情联结，对促进小孩子同理心的发展至关重要。
- 多多对你家小娃使用各种表述情绪的词语，比如"伤心""害怕""激动"等。为了能体悟别人的感受，他必须首先学会识别自己的感受，而且知道他的这些感受都是能被人接受和理解的。
- 你的管教手段须是能让孩子感到安全、能平静面对的，而不是让孩子心生恼怒或抗拒之意的。惩罚孩子或对他冷淡疏离，会令你家小娃变得很难再愿意与他人共鸣。
- 要经常跟孩子聊聊其他人的感受和经历，尤其是看到有关自然灾害或与人冲突的电视节目或新闻片段时。这么做能帮助你儿子去感悟他人可能的想法和感受。
- 用你自己的言行树立体谅他人、关心他人的榜样。你永远是你儿子最好的行为典范。

试着去理解孩子的世界

即便是最慈爱的父母有时也会以为年幼的孩子会像成年人一样去思考，去感受，去体验人生。可这与实际情况相差甚远。你不妨找个机会尝试一下趴在地上的感觉。我是当真的。请你双膝跪地趴着，就那么从你家小娃的卧室爬到厨房去，看看你需要多长时间才能爬到那里，这一路上你都看到了些什么？会不会很容易就能拿到你想要拿的东西？如果此时你身边还站个成年人，不妨抬起头来看看他。哇，他好高啊，不是吗？如果他再摆上一脸的怒气，会不会挺可怕的？

请继续想象，假设你们要去公园走走。假设一路上都有个成年人牵着你的手，你觉得走上多远你就很想把自己的手抽出来了？不是因为你要故意闹别扭，而是你的手臂已经举得太久了，血液都不再回流了。而且成年人走得也太快了，不是吗？要跟上他的步伐多难啊，尤其是当你想停下来看看路边的小花朵、在泥土中藏着的好玩小虫子，或是邻居家新添的小狗崽时。

请花点时间，站在你家小娃的角度，设身处地地想象一下他可能会有的感受，这对你来说也许是一次非常有益的体验。不论你以前是否曾经想到过，小孩子的世界与成年人的世界毕竟是有很大的不同的。找到一条可进入你儿子的小天地的路径，也许会是你所学到的正面管教技能中最有价值的一个。

一起保持对世界的好奇心

为人父母并不是件容易的事。你肯定——至少在有些时候——会感到压力和倦怠。不消说，养育孩子一定不是你日常生活中唯一要做的事情。有时你真希望儿子能乖乖地听话,不哭不闹。不幸的是,在学前阶段,即便是最听话的小男孩也真的很难事事都遵从家长的要求。他的小世界里还发生着太多的其他事情。

只要你肯花时间去了解你家小娃的世界,抱持对他成长历程的好奇心,你就会在设限制、立规矩、沟通交流以及与他和睦相处等方面做得更好。以下是值得你认真思考的几个要点:

● 学龄前孩子对时间的感觉与成人不同。在你看来只是五分钟的事情,对你儿子来说却可能像一个小时那么漫长。如果你指望他能有耐心,那么你们俩都会对结果感到失望。

● 学龄前孩子对过程的兴趣远远高于对成果的追求。你可能想在冰箱上挂一幅你儿子的画作,而他却可能发现用手指蘸上颜料涂涂抹抹就足够满足了,不见得有兴趣一定要完成那幅画作。

● 学龄前孩子无法像你一样地明白幻想与现实之间的区别。发生在电影或电视屏幕上的事情,对他来说都是"真实的"事情,再多的争论也无法说服他。(这一事实更加说明媒体必须保持谨慎。)

● 学龄前孩子很喜欢问问题。虽然他不断地问你"为什么"和"怎么回事"可能让你感到疲于应付,但是,提问确实是小孩子的学习方式。你一定要舍得花些时间听取你家小娃的问题。

在你们一起面对挑战、一起解决问题时,怀揣着对你家小娃的看法、感受和想法的好奇心,总会是一个很好的起点。你应该始终揣着这份好奇,陪伴他从幼童成长为少年,最终长大成人,并离开你去独立生活。在你要下定论之前,请花点时间动用一下你的好奇心,这必然能助你更明智地养育你的孩子。

养成健康的饮食习惯

年幼的孩子经常在饮食方面跟自己的父母有不同想法。父母往往喜欢遵守一日三餐的观念,他们希望自己的孩子肯吃健康的食物,最好毫无抱怨地吃下摆在他面前的任何东西,在零食和其他食物的选择上也能配合父母的安排。实际上,饮食问题应该比大多数父母所做的要简单得多:饿了就吃,饱了就停。当父母强迫孩子多吃、因他不肯吃惩罚他、给他含糖零食或按他的要求做饭时,通常都会干扰到孩子饮食的自然过程。

你可能会担心你家小娃的饮食,因为你希望他能健健康康。其实你大可以放宽心,毕竟随着时间的推移,他自然会吃下他需要的食物(除非生病或其他特殊情况)。换句话说,你的儿子可能不会每天都吃掉你提供的各种食物。事实上,他可能想连续几天只靠奶酪通心粉过活。但是,如果你家小娃活跃而且健康,他通常最终还是会吃下他需要的东西。

提供健康食品

你的工作是提供美味食物,你家小娃的工作是吃掉它们。偶尔吃一点垃圾食品不会对你儿子造成永久性的伤害(例如,你不需要拿走他的万圣节糖果[1]),但是,你一定要限制他日常摄入的脂肪量和糖量,同时,多提供诸如水果、蔬菜、乳制品等健康食品。

---

[1] 万圣节是美国的传统节日,10月31日晚上是万圣节前夜,家家户户会准备些糖果供孩子们来讨要,也会带着打扮成幽灵、女巫、吸血鬼、蜘蛛侠、奥特曼等形象的自家孩子,喊着"不给糖就捣蛋"的口号,挨家挨户上门"讨糖"。

让家庭晚餐成为一种传统

请尽量每天晚上一家人聚在一起共进晚餐,但是,不要强迫你家小娃吃什么、吃多少。研究表明,如果一家人能每周至少三次坐在一起共进晚餐,那么孩子在学校的成绩会更好,表现会更好,以后嗜酒或染毒的可能性也会降低。不过,你要确保餐桌旁是一个愉快的地方,不是你们的战场。请提供至少一种你知道孩子喜欢吃的东西,这有助于餐桌上的和乐气氛。你可以邀请他尝试没吃过的东西,但一定不要让他独自坐在餐桌旁瞪着他不想吃的豆子,这只能让他学会抗拒你、抗拒食物。无论是在餐桌旁还是其他任何场所,注重跟孩子的沟通、对话和感情联结,都是正面管教的一个重要组成部分。

让孩子参与备菜

让你家小娃参与购物、膳食安排和烹制准备。孩子一般都会欣然接受我们的邀请,若是命令则往往会抗拒。等你家小娃的年龄稍大一点,你不妨请他帮你安排膳食计划。你还可以给他一份由他负责的简短购物清单(如果他还不认字,请使用图画),然后在一旁辅助他购物。即使是两岁的幼儿也可以帮你清洗生菜叶子、把奶酪片放在汉堡包上,或是把餐巾纸摆到餐桌上。他更有可能愿意吃下他参与了准备工作的食物。

切勿放任孩子"点菜"

你一定不可让自己听从儿子的命令!一个有一对3岁双胞胎小男孩的疲惫母亲曾诉说她每天晚上都要做三次饭:"如果我不做给他们想要的东西,他们就什么都不肯吃。"若你为孩子提供了一次特殊服务，他以后就会一再提出同样的要求。你只需为家人准备好一桌晚饭，如果你家小娃拒绝吃，请告诉他下一顿饭的开饭时间。如果他的年龄已经足够大，你也可以让他自己去给自己做一份三明治或其他的简单食物。你只需记住，在你这么说、这么做的时候，既要保持友善又要做到坚定。

所有的孩子都会有食欲的起伏变化。有些孩子若能在饿了的时候就吃点什么，会比让他必须等到饭点时才能吃东西更好一些。请放宽心境，同时尽量为孩子营造平和的就餐氛围，提供营养饮食，同时别忘了给他优质的复合维生素。

养成健康的生活方式

如果你最近一直关注新闻，你无疑会意识到医生们越来越关注儿童肥胖问题。幼年时期的体重过度增加往往会形成日后难以改变的生活习惯，并可能进而导致延续终生的健康问题，如糖尿病和高血压。学龄前阶段是帮助你儿子养成健康生活习惯的最佳时期。

让你家小娃节食通常是不明智的举措。儿科医生一致认为，限制成长中儿童的食物摄入量，不但会引发孩子与家长的权力斗争，而且有可能造成跟身体问题一样具有破坏性的心理问题。更明智的做法是着眼于长远：注意饮食营养、鼓励多加锻炼、定期带孩子去做身体检查。

不消说，你永远是你家小娃最好的导师。如果你整天坐在电视机前吃薯片和甜饼干，你会很难说服你儿子不这么做。相反，如果你总是按时锻炼身体，饮食习惯也相对健康，并自觉限制你看电视、打游戏或其他坐态活动的时间量，你儿子也就更有可能养成良好的生活习惯。

帮助孩子对健康食物感兴趣的最好方法，是鼓励孩子多做些有益健康的活动。对那些双亲都要工作所以只能送孩子去上托儿所的家庭来说，这可能比较困难，但请你尽量多给孩子安排些健康活动。你还可以安排一些有趣的全家活动，跟孩子一起享受增进食欲的乐趣。

养成规律的睡眠习惯

睡眠，无论是在夜间的还是白天的，都是你无法强迫孩子做到的另一件事，但家长们还是会一再尝试。对年幼的孩子而言，养成有规律的习惯往往效果更好。但凡是你觉得一天中颇具挑战性的部分，比如吃饭时间、就寝时间，或是早上出门，你都应该采用这种办法。请和你家小娃一起制作一份日常作息规律图表，不是为了给他立个获奖目标，而是为了让他清楚一天中各种活动的时间顺序。让你儿子知道到什么时候该做什么，往往更容易赢得他的合作意愿。

如果你能琢磨出怎么做可以帮助孩子放松下来，你就能知道怎么做更能帮助他养成健康的睡眠模式。每个孩子都会有他独自的模式。有的喜欢点着灯入睡，有的却一定要关了灯才行。有的希望能有点背景声音，这样他就不会感到孤单，可有的却是有一点声音都不行。有的喜欢更暖和些，有的却喜欢更凉爽些。所以，没有"标准"的入睡方式；重要的是要让你家小娃感到舒适、安全和放松。

不要试图"让"你家小娃入睡，而要想办法帮助他感到困倦。睡前玩点游戏或到户外走一走可能更容易让他感到疲倦，洗个热水澡可能有助于他放松下来。要帮他养成固定的睡前程序，比如先讲个故事或唱首儿歌，然后再抱抱他。等你把他安顿进被窝之后，给他一个亲吻便可离去，容他独自入睡。如果他又爬起来，请你友善而坚定地把他送回床上去。你的儿子会知道你什么时候是认真的，知道他是没法通过哼唧或哭闹来操纵你的。

当你家小娃生了病或做了噩梦时，他爬到你的床上跟你依偎在一起固然很好，但是，他终究还是要学会自己睡觉。要让他知道你希望他到自己的房间去睡觉，睡前程序也都在他的小床上一步步完成。如果他爬到你的床上来，你就把他抱回去。这可能需要些时间，但你要始终做到友善、坚定、如一。

你儿子需要睡眠，但是，既然他是一个活泼好动的小男孩，要安静下来自然不是一下子就做得到的事情。友善、坚定的态度、合理的作息规律能让你帮孩子养成健康的睡眠习惯。

如厕训练

不管你喜欢与否，大多数男孩学会自己解大小便的年纪往往比女孩要晚一些。事实上，男孩不论白天还是夜间都能不再尿身上的平均年龄约为3岁半。对那些急于结束尿布时代的家长而言，这可能不是一个好消息。尽管如此，该何时开始如厕训练，只能取决于你家小娃对自己身体的意识水平和控制能力，他必须已经有了这方面的水平和能力之后才能成功如厕。

小孩子有一种不可思议的感知能力，他能知道什么是他父母很在乎的事情。如果你担心他的吃，他就会抗拒食物；如果你坚持要他按时睡觉，他就不肯主动入睡；如果你把如厕训练变成一场亲子之战，那么他会跟你对抗到底。不幸的是，如厕之争可能会严重影响孩子的健康。在你家小娃准备好之前强行进行如厕训练，可能会导致他憋住不排便，而这又可能会导致严重的便秘甚至肠道感染。

为了能真正地利用好卫生间，你家小娃需要有能力读取到他的身体发给他的需要去上厕所的信号，需要有意愿离开他正在玩着的游戏，并有能力解开他的纽扣或易拉扣。开始的时候，你可以只是让他观看你都在卫生间里做些什么，比如刷牙或洗手。他不必跟你一起做，你只是让他熟悉卫生间的用途就好。你应该为他提供富含纤维的饮食。你还须理解小孩子也会感受到压力（比如有弟弟妹妹出生了），而这样的压力有可能会影响他已经养成的排便和排尿习惯。

与你们要一起面对的许多其他挑战一样，你要先帮你家小娃搭好台阶，然后鼓励他尽他所能地登上去。如果发生了"意外"，你要尽量保持冷静。如果孩子有了足够的能力，不妨教他自己清理。但是，不要说教，不要责备。如果你心有疑虑，请花点时间，找儿科医生帮忙检查一下。

"高科技玩具"并不是必需品

近年来,玩具店的货架和杂志页面上越来越多地挤满了给学龄前儿童的"教育"产品。这让许多家长不免有些疑虑:他们的孩子若想在学校和以后的人生中获得成功,是否一定离不开这些复杂的游戏和高科技玩具?

虽然这些东西对孩子(乃至父母)来说可能很有趣,但它们并不是必不可少的东西。这里我要再次强调,孩子最重要的早期学习是在他与周围的人际关系的背景下进行的,你家小娃需要的是你给予他的大量时间和教导。他是通过跟你——而不是电脑,无论设计得多么好——在一起的时间来学习社交、语言,以及其他生活技能的。如果你愿意,你当然可以在你们的生活中添加一些高科技玩具,但那些东西并不是培养一个快乐、健康、成功的孩子所不可或缺的。待他进入学校后,一定会有很多很多的机会学习电脑等各种新科技产品。

有意识地生活,需要有自我反思的能力,以及与家人共度的时光。尽管新科技确实给我们带来了好处,但也可能会让人把心全都放在上面,从而忽略别的。要在使用新科技产品和做其他安静的学习活动之间找到平衡,并不是一件容易的事,但是,作为孩子的父母,你必须站在他的身边,帮助他在这个以新科技为中心的世界中航行。

需要思考的几个要点

对大多数孩子来说,学前阶段是一个活泼好动且充满新奇的时期。在与你家学龄前小娃互动时,请记住以下几个要点:

- 必须为这个年龄段的孩子营造出一个安全的生活环境。
- 你家小娃需要时间来培养他与人交往的能力，也需要时间去淘气、玩耍！
- 蹲下来，让你的眼睛和心都能与你家小娃在同一水平线上，这有助于你更好地理解他的行为和反应。
- 让你家小娃参与到你们的日常活动中来，这有助于他更快地学会新的生活技能，提高他的自尊心，加固他与你们之间的良好亲子联结。

第六章 了解男孩的情绪世界

前面我们已经讲过，在生命早期，男孩往往在情绪上比女孩更加敏感，可他们在社交能力和情感能力[1]方面的发育却要比女孩更晚。话虽如此，不论男孩还是女孩，大脑中的"情绪布线"在本质上却是相同的。然而，你可能会发现周围的许多人（甚至是你自己的家人）仍然认为，虽然女孩可以哭泣、嬉笑或是感到害怕，但男孩却不能这样。可事实上，男孩和女孩有一样多的情绪，一样必须学会用适当的方式表达自己的情绪。你必须对儿子的情绪持包容的态度，允许他去感受、去表达，而不是要求他掩盖甚至屏蔽某些情绪。与孩子沟通，并坦诚地反省你是如何处理自己的情绪的，都是帮助你儿子成长的关键所在。

压抑情绪的潜在危害[2]

人类历史上绝大多数社会结构都是父权制度，这意味着男人拥

---

[1] 情感能力（emotional skills），包括好几个层次的能力：1.识别情绪的能力；2.表达情绪的能力；3.克制情绪的能力；4.理解和体谅他人的能力。

[2] 原文直译为"做斯多葛式男人"，指的是遵循斯多葛主义原则的人。斯多葛主义是一种起源于古希腊的哲学思想流派，强调追求人的理性、美德、自我控制，以及对外部环境的漠视，讲求保持自身情绪的平衡稳定，以坚韧应对逆境，并根据理性判断而不是情绪冲动做出合乎道德的决定。

有一切、统御一切，同时也承担着养活女人和孩子的责任。许多不同的宗教都会宣扬同样的理念，即男人天生更富有责任感、更值得倚仗，而女人则被贬到了次要地位，只需负责操持家务和养育孩子就好。在古代，一个社区及其家庭的生存往往取决于男人的力量，即男人在狩猎、耕种以及庇护家人和社区方面的能力。

如今，几乎没有哪个家庭还需仰仗爸爸打猎才能填饱肚子，但是，一些久远年代的传统观念却仍然延续了下来，而其中至今仍然很有影响力的一个观念，就是我们对男人和女人、男孩和女孩的不同看法，包括他们应该（或是不应该）感受到什么样的情绪。

"男孩守则"的消极影响

威廉·波拉克博士在他的著作《真正的男孩：从男孩神话中拯救我们的儿子》[1]中，讲述了在我们的文化中一种根深蒂固的所谓"男孩守则"，即作为一个男孩，什么样的行为是可以接受的，其中包括了男孩可以有以及不可以有什么样的感受。这样的"守则"使得我们的男孩在自己明明很难受的时候说自己还好，既不去寻求帮助，也不表现出任何的柔软或是虚弱。

波拉克博士在书中写道："这种'男孩守则'的影响是如此强烈又如此微妙，以至于男孩甚至可能都不知道自己在生活中其实遵循着某种原则。事实上，只有当他以某种方式违反了或者忽略了'男孩

---

[1] 原著英文名称：*Real Boys Rescuing Our Sons from the Myths of Boyhood*，发表于1998年，探讨了男孩子在一个对男性气质往往有更加严苛的要求的社会中成长时所面临的挑战。

作者威廉·波拉克，一位著名的临床心理学家和作家，一生致力于研究和倡导男孩以及男人的情绪健康，他的工作在帮助男孩健康成长方面有着重大影响。

守则'时，他才会意识到原来还有这样一回事。只不过，让他意识到这一点的方式，往往是来自社会的直接而且强烈的鄙视，比如来自兄弟姐妹的奚落、父母或老师的斥责，以及同学们的排斥等。"

回想一下你上一回看到某个男孩在棒球或足球比赛中受伤的情景。当一个倒下的男孩自己站了起来，一瘸一拐地离开战场时，观众会对他报以热烈的掌声。这里的信息很明确：男孩不应该表现出他的痛苦或恐惧。即使受了伤，他也必须表现得坚强。

可是，事实让我们知道，男孩的大脑中也有与女孩相同的"情绪布线"。那么，是什么导致了我们会相信男孩和女孩在情绪上应该是不同的呢？

情绪：大脑运转的驱动力

你可能还记得20世纪60年代的经典电视节目《星际迷航》。该节目的主角之一斯波克先生，来自一个没有情绪的种族。他在生活中纯粹以逻辑为一切的基础，他的任何决定是都依照理性来判断的，绝对没有混乱的、不可靠的情绪波动。许多成年人对之非常羡慕，渴望自己也能生活得这么清清爽爽。但是事实上，人的情绪对于自身的生存至关重要，而善于处理自己的情绪，是一个人能活得健康而快乐的重要成因之一。

相当长一段时间以来，研究学者们始终相信人的情绪（而不是逻辑）才是人类大脑运转的驱动力。最新研究表明，情绪实际上可能是连接大脑各功能区块并促进各部分协同工作的重要纽带。换句话说，是情绪让大脑各部分整合在了一起。

情绪是帮助你做出决策并保障自身安全所必需的信息。当你感到孤独的时候，你需要有人陪伴。当你感到害怕的时候，你需要保护自己。如果你能意识到自己的情绪，知道该怎么关注它，你就始终都能知道自己需要做些什么才能保障自身的健康。作为有意识的父母，你在养育儿子时需要帮助他以同样的方式识别和应对他自己的情绪。

一些研究学者告诉我们，是情绪将人的生理、认知、感觉和社交过程联系在了一起，使我们的身体、思维和感官都能协同运作。人的情绪并不是杂乱无章的感觉，并不会使我们的生活变得更加复杂（因此不需要我们加以掩盖或是狠狠压制）；实际上，人的情绪很可能担负着整合神经系统的任务，让我们能保持理智、活得健康，并有效地工作。情绪似乎是将我们大脑中各个不同部分联结起来的有力纽带。

然而，最为不幸的是，我们的文化实际上并不认同男孩也应该感受并理解自己的情绪这种观念。许多作家和研究学者，其中包括迈克尔·汤普森、丹·金德隆、泰伦斯·雷尔、威廉·波拉克和迈克尔·古里安[①]，都注意到了当男孩失去了应有的情感能力时可能导

[①] 几位学者（上面已经介绍过的威廉·波拉克除外）简介如下：

迈克尔·汤普森（Michael Thompso）：临床心理学家和作家，以其在儿童发育及教育方面的研究成果而闻名。丹·金德隆（Dan Kindlon）：心理学家和作家，与迈克尔·汤普森合著了《抚养该隐》（Raising Cain）一书，探讨了男孩的情绪世界以及社会观念对男孩情绪发育的影响。泰伦斯·雷尔（Terrence Real）：心理治疗师和作家，撰写了大量有关男性情绪健康主题的文章。迈克尔·古里安（Michael Gurian）：社会哲学家、家庭治疗师和作家。他的工作通常侧重于了解男孩和女孩在教育和养育方面各自的独特需求和挑战。

致的潜在危机。与女孩相比，男孩患抑郁症、成绩差、吸毒、酗酒，乃至自杀的风险系数都要大很多，而这又通常是因为他们不仅缺乏准确识别自己的情绪并进行自我调整的能力，还总是刻意压制自己的情绪。既然人的情绪从本质上而言是为了让自己能保持身心健康，那么，在我们这个不太有利于男孩情感能力成长的世界里，你又该如何教导他理解自己的情绪，有效地掌控它们，并在日常生活中表现出应有的灵活机变和善解人意呢？

培养情感表达能力

很多时候，男孩从小就知道，一个真正的男人应该是强壮、坚韧而且寡言少语的人。许多男孩在情绪表达方面只有两条路可走：要么他挺好的，要么他很愤怒。许多家长往往惊讶于自家儿子转眼之间就能变得怒气冲天，可实际上这没有什么值得奇怪的。在我们的文化中，男孩（以及男人）表达愤怒通常是为社会所容许的，可这却可能会导致一系列的问题。

也许小男孩在成长过程中所经历过的最具破坏性的情绪就是感到羞耻。没人会喜欢羞耻的感觉，但男孩则可能不是不喜欢，而是十分惧怕这种感觉。羞耻感会直接撞碎男孩的心，这又导致他在最需要帮助的时候不愿意去寻求长辈的帮助。所以，在你管教儿子的时候，绝对不可使用令他感到羞耻和侮辱的手段。

在《"我不想谈":摆脱导致男性抑郁症的隐秘传承》[1]一书中,心理治疗师泰伦斯·雷尔谈到了男孩在成长过程中会体验到的情绪麻木。他刚开始时还是一个充满活力、活泼好动、感情丰富的小孩子,可等上过一段时间的学之后,他逐渐发现了"真男人"应该是什么样的人,于是开始抑制自己的情绪和表达。研究表明,大多数成熟男性不仅难以表达自己的情绪,甚至难以识别自己的情绪。描述这种问题的正式术语叫"述情障碍"[2],心理学家罗恩·莱万特[3]估计,我们当今社会中有多达80%的男性患有从轻度到重度的述情障碍。如果你想问问男人他们的感受,大多数男人告诉你的很可能是他们的想法。男人(以及他们的儿子)常常很难将自己的"感受"和"想法"区别开来。之所以是男性多有这种问题,并非因为他们的大脑与女性不同,而很可能是男孩在成长过程中和女孩的体验不同所致,即男孩从父母、同龄人和社会文化中学到的"要求"跟女孩是不一样的。

如何让孩子准确表达情绪

只要男孩能够拥有坚实可靠的情感能力基础,能畅通无阻地表达自己的各种复杂情绪和感受,他就能活得更健康、更快乐。父母

---

[1] 原著英文名:*I Don't Want to Talk About It:Overcoming the Secret Legacy of Male Depression*,发表于1997年。该书深入探讨了男性抑郁症的问题以及可能导致这一问题的根源——社会压力。作者泰伦斯·雷尔在前面的译注中已经介绍过了。

[2] 述情障碍(Alexithymia),心理学术语,描述的是一个人在识别、理解和表达自己的情绪时感到困难。

[3] 罗恩·莱万特(Ron Levant),教育博士,心理学家,以其在男性心理健康和男性气质研究领域的成就而闻名,也是述情障碍领域的权威。

该如何教导男孩才能使他成为一个既拥有丰富的情感世界、能与他人维系深厚的情谊，同时又能为社会所真正接受的男人呢？

对孩子进行情绪教育的第一步，就是教他学会各种情绪表达用词。从孩子还是一个小婴儿的时候开始，你就应该用丰富多样的表达情绪的词汇对他说话。小孩子并非生来就懂得该如何用语言表达自己的感受，你必须耐心教导他，比如，你可以对他说："你看起来很伤心"，或"你一定感到很失望"，同时给他机会去感受这样的情绪，而非因为不忍他有半点难过而立即出手"拯救"或"庇护"他。你也可以跟他谈论你自己的感受，不过不必要求他同情你或为你做点什么。当你对他说："我感到有些害怕。你呢，怕不怕？"他便知道你是允许他有害怕的感受并将其表达出来的。

你一定要亲自为孩子做出能体谅他人、与他人建立感情联结的表率来。母亲和父亲都应该用自己的具体行动向孩子展示什么是真正的爱和感情联结。只要你儿子能生活在尊重、爱护、理解和体谅的环境中，他自然更容易自己去学习并掌握这些情感能力。

你还必须做到认真倾听儿子的声音。然后还要再多听听。鼓励他表达情绪的最好的方法之一，就是你不加评判地倾听。要让他感受到你的理解和体谅。不要急于提供问题解决方案，而要首先向他重述你听到的内容，以确保你的确听明白了他所表达的意思。请记住，倾听并不等于你必须认同你儿子的感受，或是必须接受他的不当行为。用心倾听是你和他建立感情联结并一起解决问题的第一步。

除了认真倾听并教导儿子学习情绪表达用词之外，你还须为他留出他能做他自己的空间。不要告诉你儿子他应该或是不应该有什么样的感受和情绪；相反，请容许他在安全的环境中探索他自己的长处和短板。当你儿子能够不再害怕会被人羞辱或排斥时，他就能够更加自如地表达他的情绪、感受、需求和梦想。

男孩与愤怒

长久以来，愤怒一直被看作男孩和男人的正常情绪。毕竟，人们都认为，男人有大量的睾丸激素，不让他们不由自主地变得咄咄逼人是不可能的事情。事实上，发狠和动粗，包括打架或其他肢体对抗，通常都被看作真正"有男人味"的行为。即使在当今人们所认为的开明时代，一个不肯跟人打架而独自离开的男孩，仍有可能被冠以胆小鬼的帽子。

大量研究表明，男人和女人感受愤怒的方式并没有真正的差异。不论男人还是女人都会感到愤怒，而且大都会为同样的事情而感到愤怒。然而，男人和女人（以及男孩和女孩）表达愤怒的方式会有所不同。男人的表达往往更具攻击性，要么就是做消极对抗行为，而且往往以难以克制的冲动表现出来。女人的愤怒情绪会延续更长的时间，心底的怨气会更重，而且常常将人际关系作为表达愤怒的武器（例如排斥以前的好朋友，故意散布令人不快的谣言，或是冷嘲热讽）。

一些专家认为，男孩更容易发火的原因之一，是发火取代了其他一些为传统文化所不允许的情绪，比如悲伤和孤独。父母也会加剧男孩的愤怒。研究表明，父母会鼓励女孩和平解决冲突，却允许男孩采取以牙还牙的报复行为。愤怒是人类"情绪谱系"中的正常组成部分之一,事实上,愤怒往往会激励我们去解决问题、捍卫自己、纠正人世间的错误。然而,没能得到正确引导的愤怒,却可能会导致严重的后果。

学会控制愤怒

每个人都会有感到愤怒的时候,你儿子也不会例外。你如何应对他的愤怒情绪,将教会正在成长中的他学习如何识别和管理他的这种情绪。但是首先,你必须学会有效地管理好你自己的情绪。如果你在愤怒时大喊大叫、乱扔东西,你儿子也会学着这么做。此时,你应当承认自己的强烈感受,接纳它,必要时到一边去冷静一下,等回来后,要把心思放到解决问题上,而不是一味地责骂。

心理学家丹尼尔·戈尔曼[①]*指出,人们普遍认为,女性表达恐惧和悲伤是应该的,正如男性表达愤怒是应该的一样。然而,如果女性在商界或政界中处于掌权地位,愤怒也就成了她的应有情绪。我们对"应有情绪"的观念大多根植于我们的文化。*

[①] 丹尼尔·戈尔曼(Daniel Goleman),当代心理学家和作家,撰写了大量与情商、社交能力以及领导能力相关的文章,影响最大的是1995年出版的《情商》(*Emotional Intelligence*)一书。

然后，你必须教导你儿子，愤怒是可以接受的情绪，但伤害人或破坏东西却是不可接受的行为。你可以帮助他想办法在不伤害自己或他人的情况下表达自己的愤怒。要接受他的愤怒，并在需要时提供让他冷静下来的具体方式。然后，在你们俩都心平气和的时候，一起坐下来探讨再遇到同样的情况时怎么才能处理得更好。

在教导儿子该如何处理愤怒时，你可以采取的办法之一，是跟他一起制作一个愤怒转轮。选择一个你们俩都心境平和的时候，一起绘制一个圆饼选择图，写下在他感到愤怒时可以做的几件事情。当然，你要确保每一种都是你接受得了的！比如说，选项可以包括暂时隔离、听听音乐、打电话给朋友，或在后院里砸篮球。然后，当你儿子感到恼怒时，他可以看看他的愤怒转轮，找出一个合适的发泄方式。手头上已有现成方案能有助于他更快地平静下来。

最后，你要学会倾听儿子的声音，体会他的真实感受，帮他找到合适的表达词汇。他的肢体语言、面部表情和手势都有助于你理解他的感受。在他的情绪达到沸点之前，你要温和地用恰当的词汇帮他说出他的感受来。愤怒有时会是孩子的某种更深层次的情绪的表现形式，比如说恐惧或是伤心。一旦你儿子学会了自我感悟，能意识到他的深层感受并明白地向你表述出来，也许他就不再需要以愤怒来宣泄了。

男孩与抑郁症

太多的男孩患有严重的抑郁症，尤其是在青春期。人们可能很难注意到一个男孩已经罹患抑郁症，因为他并不一定总会躲在自己的房间里终日沉默不语，显得悲伤而孤独。男孩的抑郁症通常表现为怒气冲天、极度烦躁，或是染上吸毒、酗酒等恶习。患抑郁症的男孩可能会逃学、不再理会作业，并越来越疏远自己的父母和朋友。他甚至可能开始谈论自杀。

每年平均有1890名15—19岁的青少年自杀，其中有1625名是男孩。女孩尝试自杀的频率虽然更高，但男孩的自杀尝试却更加致命，这通常是因为男孩不知怎么表达自己的悲伤和孤独。作为一名有意识的家长，你必须与儿子保持牢固的感情联结，并在需要时寻求专业帮助，不要犹豫。

许多专家认为，男孩容易罹患抑郁症的原因，在于他与父母以及其他成年人之间缺乏感情联结。失去亲人的悲伤，例如父母死亡或离异，也可能引发抑郁症。

预防抑郁症和其他情绪问题的最佳方式，就是保持跟孩子的感情联结，并用心倾听他的声音、接纳他，多花些时间和他在一起。然而有些时候，尽管父母已经尽了最大努力，男孩还是会患上抑郁症。该如何判断你儿子是否患上了抑郁症？请留意以下几种可能是抑郁症迹象的行为：

● **频繁地发怒或举止冲动。**所有男孩都会时不时地感到心绪败坏，但抑郁症往往会导致男孩变得越发容易满腔敌意和愤怒。

● **对以前喜欢的活动和朋友不再感兴趣。**他可能会显得无聊、有气无力或无精打采，并且可能因"太累了"而不愿参加体育活动或其他活动。他可能更容易与朋友发生争执，或告诉你说他没有了朋友。

● **睡眠、饮食或体重出现变化**。他可能一天到晚都在睡觉，或者告诉你说他根本睡不着。他也可能告诉你说他一点也不饿，尽管实际上他已经好几天都没有好好吃顿饭了。

● **自信心降低**。他可能对自己十分苛责，只看得到自己的失败，并对自己能否成功完成手头上的事情失去信心。

● **有害行为增多**。罹患抑郁症的男孩可能开始去做些不该做的事情。青春期的大男孩可能会有开车太快、喝酒太多太频繁，或者尝试吸毒等有害行为。

● **学习变得吃力**。他可能会对学业失去兴趣，频繁逃课，不肯做家庭作业，成绩也下降很多。

如果你在自家儿子身上看到了上述某一条迹象，那并不意味着他已经罹患抑郁症或有自杀倾向，这一点十分重要，你不必草木皆兵。但是，如果你开始注意到他的表现与上述好几条都相吻合，或者他的情绪或行为出现了其他明显的变化，那么，你很有必要给予孩子更密切的关注，并付出额外的努力把他从低谷里拉出来。如果你已经在为儿子的情绪健康感到担忧，那么，请不要犹豫，赶紧寻找一位口碑好的治疗师，让专业人士来帮助你儿子解决他的心理问题。罹患抑郁症并不是他的缺点，而且是可以通过时间和关爱得到治愈的。

维护感情联结，从容应对人生挫折

太多的男孩缺乏让这一生过得幸福而又成功所需要的情绪方面的感知力和承受力。你可能更关心的是儿子的学习成绩、行为和表现，而不是他的情绪健康，但是，你儿子的健康却依赖于你是否会努力与他保持感情联结，教导他掌握情感能力，帮助他识别和表达自己的情绪感受。有情绪并非女孩才能拥有的特权。所有健康的人都会有情绪，而且必须学会有效地管理好自己的情绪。

你可能会担心，教导儿子情绪意识，坦诚探讨情绪感受，是否会让他变得太过娇弱而无法好好立足于这人世间。事实上，在你们的日常生活中加入表达情绪的词汇只会让他变得更加强壮。你可以在赞赏他的自尊和他与生俱来的男孩气质的同时，教他学会感悟自己的内在自我，并与周围的人保持感情联结。

你儿子可能不愿意向你坦承他的感受，但如果你是邀请他帮助你解决问题的话，他可能不会不愿意。通过征求他对你们共同面临的问题和挑战的意见，你就能更多地了解他看待一切的方式。比如说，他对朋友的行为是怎么看的？怎么做会让他在学校过得更愉快些？有没有办法让家务劳动对每个家庭成员来说都更公平些？正是在这些日常生活的各种探讨中，你与儿子的感情联结会日益加固。

要培养出更多的勇气，成长为一个出色的男孩，并在将来成长为一个出色的男人，你儿子需要你的帮助。你要接纳他身上的每一部分，包括他的长处和短板，他的想法和情绪。你的爱和正面管教，会帮助他保持身心两方面的健康，并走向一条成功的人生之路。

需要思考的几个要点

尽管有某些"男孩神话"，但是，男孩也一样会感受到各种各样的强烈情绪，而不仅仅是为众人所接纳的愤怒。以下是帮助孩子培养情感能力的几个要点：

● 你对自身情绪的反应模式，会对你儿子产生深远的影响。所以，请注意你在儿子面前的言谈举止。

● 只要男孩能拥有强大的情感资源[①]，他就会活得更快乐、更健康。要教你儿子学习表达情绪的词语，这样他在需要时就能知道该怎么表达自己。

● 尽管男孩和女孩所感受到的愤怒并没有真正的区别，但男孩经常被我们教导以不同于女孩的方式处理他的愤怒情绪。

● 男孩罹患抑郁症的风险要高很多，因为他不得不经常压抑和克制自己的情绪。用心维系你与儿子的牢固感情联结，并以坦诚的方式与他保持沟通，必将有助于他在遇到困难时从容应对。

[①] 指自身的情感能力和家人的积极支持。

第七章

父亲与儿子

父亲与母亲是不同的。与母亲相比，父亲看上去不同，听上去不同，玩起来不同，对待孩子的做法也不同。这其实是一件好事。一个男孩往往在不知不觉中就从他父亲那里学到了男人该是个什么样的人、该怎么做个男人。他从父亲那里知道了什么是男人气概，学到了男人都喜欢些什么以及不喜欢什么。许多成年男性报告说，当自己还是个孩子时，他要么希望自己以后也能像他父亲一样，要么想要成为一个跟父亲完全相反的人。毫无疑问，父亲对成长中的儿子有着巨大的影响，这种影响从孩子出生的那一刻就开始了。许多男人一生都在渴望得到父亲的爱和认可。作为父亲，你该怎么与儿子建立让他感到安全可靠、充满爱意的父子关系呢？

父亲的重要性

过去的一两个世纪以来，父亲在抚养孩子方面发生了巨大的角色变化。在那以前，儿子总是被要求追随父亲的脚步，不论是做人还是做事都要跟着他的父亲学习。然而，进入 19 世纪之后，父亲们开始外出做工，衡量一个男人是否成功的标准慢慢发生了变化。一个男人的价值可以通过他收入的高低、房子的价值和汽车的大小来衡量，而不再是家庭的亲密程度以及家族的生意实力。养育孩子于是变成了"女人的工作"，父亲只管忙于挣钱养家。从此，一代又一代的男孩在成长过程中便渴望着能与一个他几乎不认识的，回了家只是吃顿晚饭、检查一下他的作业、听听他当天犯下的错误、看会儿电视的父亲，建立起亲密的父子关系。

加州大学河滨分校的罗斯·帕克①博士发现，父亲和母亲一样善于解读婴儿的细微情绪，但是他们的反应方式却并不相同。父亲的积极陪伴和刺激实际上可以帮助婴儿学会了解自己的内心感受、容忍不同的人和不同的举动。

研究表明，从儿子生命的最初时刻起，父亲毫无疑问就是儿子在身体、情绪及认知的健康成长中不可或缺的一部分。如果一个男孩能从小得到父亲的爱，而且这种爱是以稳定一致、充满关怀的方式表现出来的，那么，在这孩子以后的生活中，他在交友、学业和行为等方面的问题就会少很多。有一项研究针对一群男孩和女孩进行了26年的追踪，研究主题是探索母亲和父亲在孩子情绪健康和培养同理心方面所起到的作用。虽然母亲的角色很重要，但是，若论

---

① 罗斯·帕克（Ross Parke），儿童心理学教授，一生研究并撰写了许多有关父亲和家庭的文章，担任过数家儿童与家庭期刊的编辑，也是儿童发育研究学会的前任主席。

对孩子情绪健康最大的影响因素，却是父亲参与照顾孩子的程度。事实上，若父亲能在婴儿期和幼儿期积极参与养育工作，那么孩子从幼年到青春期的整体表现都会更好。

尽管如此，有些做父亲的并不总是知道该如何与儿子沟通。正如丹·金德隆博士和迈克尔·汤普森博士在《抚养该隐》①一书中所讲述的那样："……他们发现很难用'爱'这个词来思考或表达他们对儿子的爱。相反，他们往往会用自己从小被教导的如何与其他男人相处的方式来对待儿子，也就是竞争、控制和批评。"

在男孩进入了青春期之后，他与生俱来的追求自我、渴望独立的冲动很可能导致他与父亲争论乃至竞争。父亲此时的反应则往往是试图控制儿子的想法和行为，双方难免因此发生冲突。所以，当你儿子逐渐成长起来时，请记住，他的任务是成为他自己，而且他需要你对他的理解和支持。

在一项研究中，研究人员向男性高管和经理提出的问题之一是如果能再回到童年，他们希望自己与父亲的关系会是什么样的。这些成功男士中的大多数人都回答，他们希望自己能与父亲有更加密切的父子关系，希望父亲能够表达更多的温暖和感情。

---

① 请参阅第六章译者注。

学会表达父爱

许多真心喜爱儿子的父亲有些不确定该怎么向年幼的孩子表达自己的爱意。做母亲的通常会毫无顾虑地搂抱自己的孩子,可是做父亲的却往往会犹豫该不该这么毫无顾虑地、动作亲昵地表达爱意和温暖。很可能他自己从未曾享受过来自他父亲的毫不遮掩的亲昵爱抚,而且也可能缺乏应有的情感能力。其实,爱并不一定非要像一些母亲那般用语言、拥抱、亲吻等方式来表达不可,父亲也可以有许多种向儿子表达爱意的独特方式,重要的是你要尽可能多地那么去做。

花时间陪伴儿子

花时间跟儿子在一起,倾听他的声音、与他欢笑、伴他玩耍,可能是你与成长中的儿子建立牢固感情联结的最佳方式之一。当他还在蹒跚学步的时候,你可以跟他一起在地板上的农场动物玩具和玩具汽车之间爬来爬去。随着他慢慢长大,你可以跟他一起读书,用积木搭建小房子,或者教他你最喜欢的某项运动。你可以跟他玩摔跤、挠痒痒、弹力跳、撒丫子跑。等你儿子长到了十几岁的时候,你可以跟他分享你对音乐、钓鱼、修理汽车或任何其他方面的热情。不过,除了邀请他参与你喜欢的活动之外,你还需要花时间留意他会喜欢些什么,并找到合适的方式也参与进去。你既可以跟他有说有笑,也可以用心侧耳倾听。不拘你会怎么做,只要你能时不时地陪伴在他身边一小会儿,你们就能建立起父子间的感情联结。

当然,对工作繁忙又肩负重任的父亲来说,找时间陪伴儿子可能不是一件容易的事。不过,如果你相信你在儿子生活中的存在会增加他这一生活得快乐且成功的概率（并降低他出现问题行为的可能性），也许你就会认为其他事情的重要性都得退居其后了。

能与你儿子一起参与有趣的活动固然非常好，但你也须小心，不可把这样的共处时光变成不必要的上课或训导时光。要让你儿子按照他自己的节奏往前学习，你的关注重心是你与他之间的父子感情，而不是他完成某项任务的好坏程度。你的鼓励，你与他的父子亲情，将为你赢得一个一生的伙伴。

无言的父爱

要与儿子建立感情联结，向儿子表达温情和关怀，作为父亲的你还有另一种不需要任何语言的方式。假如说，有这么一对父子，父亲叫山姆，儿子是11岁的布拉德。这天布拉德从前门走进来时，山姆正在厨房准备点心。布拉德回避了父亲投来的目光，显得一脸颓败和沮丧。他径直走到休息间那张舒适的旧沙发旁，扑通一声躺倒在上面，闭上眼睛，抬起一只胳膊挡在了脸上。然后，他深深地叹了一口气。

山姆拿了一块奶酪，放在一块饼干上，心想，布拉德今天下午恐怕是遇到什么事了吧。会是什么事呢？然后他突然想到，今天是少年棒球联盟的小明星选拔赛。布拉德现在的样子让他对儿子的选拔结果有了数。山姆知道布拉德一直训练得很用心，但还有很多天赋不错的其他孩子也在努力。山姆叹了口气，咽下了他为儿子感到的失望。想了想，他又往盘子里多放了几块奶酪和饼干，又加上了一杯柠檬冰水,然后一起拿着走进了休息间。

山姆默默地把点心盘子和饮料放在布拉德面前,然后在他旁边坐下。布拉德抬起头,但他父亲脸上的同情让他无法承受。他又用胳膊遮住了脸,一滴泪水慢慢地顺着脸颊滑落。山姆伸出手,抚摸儿子的额头。山姆继续轻轻地抚摸他,顺着头顶滑向了脖子,最后,他终于叹了口气坐了起来。

布拉德喝了一口柠檬水,平静地说道:"我没能入选球队,爸爸。"

山姆微笑着,抬起一只胳膊搂住儿子的肩膀,说道:"我知道你很失望,布拉德。但我也知道你已经尽力了。我很清楚你为此付出了多少努力。"他们又静静地坐了一会儿。当布拉德再次直起身来时,山姆笑了:"把这些东西吃了吧。然后,陪我一起到车库里去好不好?那里有我做了一半的橱柜,我需要你帮忙搭个手。"

有些时候,无言的爱会比最情深意长的言辞更能表达爱意,对男孩来说尤其如此。温暖的目光,温柔的爱抚,还有那一盘点心,足以让布拉德知道他的父亲理解他。这种无言的爱有时能为接下来的亲子对话、沟通理解和解决问题打开大门。只要你用心体会自己的感受以及儿子的感受,你就能找到合适的办法,跟儿子建立起可以延续一生的、牢固的感情联结。

培养儿子的同理心

小男婴最早学到的同理心课程之一,是通过他与父亲的互动与嬉戏来获得的。学者们推测,通过这样的刺激方式可以让婴儿意识到父亲的情绪状态("他这是在跟我玩吗?""他现在生气了吗?")

和自己的情绪状态（"我已经跳累了吗？""这样好不好玩呢？"）。当婴儿觉得对方给他的刺激太多了时，他能学着以哭声或躲避等方式给对方发信号。在男孩子的一生中，他的父亲可以成为他在同理心和感情联结方面的最为合适的导师之一。

魔镜啊，魔镜，告诉我谁才是最好的爸爸？

作为孩子的父亲，无论你是否能意识到，你陪伴儿子的每一刻都是他的学习时间。每一次你跟他谈话、出手管教他，或是陪他一起玩耍，都是在教导他什么事该做、什么事不该做。有趣的是，即便是生活中没有父亲陪伴的男孩，似乎也能在成长过程中领悟到有关男子气概的观念，毕竟，他的同龄人和社会主流文化迟早会让他明白这一点。这样的孩子需要来自父亲的爱与关怀，但有时父亲未必会给予他。

得克萨斯大学 2009 年的一项关于母亲育儿心态的研究显示，大多数母亲认为，如果父亲能提供更多的帮助，她们在平衡好工作与家庭方面就能做得更为得心应手。这些母亲还表示，"工作上的责任"是男人承担好"为人之父责任"的最大障碍。

我们的社会文化对男人就该坚强而沉默的刻板观念，有可能严重影响到父亲教导儿子理解他人、关怀他人的能力，然而，这偏偏正是男孩需要从父亲那里学得的东西。在心理调整研究的实验中表现得最好的男孩，往往是那些家有温暖而慈爱的父亲的男孩，可具有讽刺意味的是，这样的父亲通常被认为是"娘娘腔的男人"。在心理调整研究中表现最差的，恰是那些受父亲虐待、苛责或是漠视的男孩。

理解与接纳你的儿子

当你担当起为父之责时，你很容易把注意力放到教导孩子的德行上，并鼓励他努力追求成就（或是至少要求他远离麻烦）。当然，恰当的管教、设立限制并始终如一地坚持，这些的确都是为人父所应承担的重要责任。然而，在培养你儿子的同理心和情感能力方面，没有谁比你更为合适了。

真正的同理心，意味着能理解他人的感受和内在情绪。这不仅需要能意识到别人在做什么、有什么感受，还需要能理解对方究竟是个什么样的人。

父亲能给儿子的珍贵礼物之一，就是对他的理解和无条件的接纳。这并不那么容易做到，尤其是当你儿子的梦想与你的梦想大相径庭时。而你能给儿子的另一份珍贵礼物，就是让他知道你的真实感受和体验。如果你能直白而清晰地、不带任何威胁意味地表达出你的感受，你儿子就能有机会通过此时你的和他自己的感受来学习。

简而言之，你儿子需要通过你的冷静而清晰的信息来了解你的想法和感受。你可以对他说"我现在对你很生气"，而不必对他大吼大叫；你可以告诉他"我很难过，因为我没能得到我想要的晋升"，而不是大步走进车库把自己关起来。只要你能坦诚地表露自己的情绪，也表现出应有的同理心，你儿子就能通过观摩你的表率而培养出他的这些品质，从而成长为一个更坚强、更快乐的男人。

以身作则：成为孩子言行的榜样

请回想一下你自己的父亲。你可能不太了解他。你甚至根本不了解他。又或者，你可能有着许多关于他的美好记忆。父亲的教诲——或者父亲的缺失——教导了你些什么？比如说，怎么做一个男人？该有什么样的价值观？如何看待爱情和家庭？如果你对父亲的记忆令你感到痛苦，那么，假如有机会的话，你希望能怎么改变自己的过去？

亲手养育儿子的美妙之处，在于你可以让儿子也享受到你自己童年时最美好的时光，或者，可以给予你儿子你自己从未曾有过的美好童年。

工作、钱财、价值观

孩子总是在做着他自己的决定。他会观察发生在周围的一切，然后决定他必须怎么做才能找到他的归属感和感情联结。他不是在生搬硬套地模仿父母的行为和价值观，他是有思想、有感觉的人，必须自己决定何为生活中的可行之道。

尽管如此，你的选择、行动和价值观仍然是你儿子借以衡量生活中重要之事的铅垂线。如果你总是工作到很晚才回家，无论其中的原因是什么，你儿子都会对你认为工作、家庭孰轻孰重得出他自己的结论。如果你总是与同事、家人和邻居攀比，要有最大的房子、最好的游艇、最新的汽车，你儿子也会决定他是否要认同你的观念。如果你告诉儿子你很看重诚实，但他看到的却是你请了病假去滑雪，或是跟人吹嘘你如何"聪明"地逃了税，他就会自己做出有关道德的评判，以及对你的评价。

加利福尼亚大学洛杉矶分校的研究学者花了4年时间观察了32个父母均需上班且至少有两个孩子的家庭。他们发现，在这些家庭中，一家人只有16%的时间能都在同一间屋子里，其中有5个家庭甚至从来没有一家人都在同一间屋子里的时候。还有，所有这些家庭中只有一名父亲定期与孩子们在一起。

要了解你儿子都做了些什么样的决定，又是怎么将其落实到他生活中去的，最好的办法就是你花时间倾听他的声音，并与他建立牢固的感情联结。孩子都是天生就敏于观察的人，他收集信息的着重点更多地会落在你是怎么做的而非你是怎么说的。"照我说的去做，而不是照我做的去做"这句老话，对孩子（尤其是青少年）已经不再能起作用了。还记得你曾希望儿子具备哪些良好品行吗？偶尔停下脚步，思考一下你自己的行为和选择是否有益于培养他的这些品行，方为明智之举。即便犯错了也没关系，毕竟错误并不是致死药，而是从中学习的好机会。

犯错时该怎么做

犯错误是不可避免的事情。即使是最慈爱、最用心的父母也会发脾气，做出错误的选择，说出伤人的、羞辱人的话。没有哪个父母会喜欢伤害自己的孩子，但是，发生冲突之后，真正重要的是你会怎么做。医学博士丹尼尔·西格尔和医学博士玛丽·哈策尔在他们的《由内而外的教养》[1]一书中写道："虽然因各种情形出现裂痕是不可避免的事情，但是，在与孩子恢复和睦与合作的亲子关系之前，父母能否意识到出现了裂痕至关重要。这种与孩子重新联结的过程可称为关系修复……不加修复的关系会导致父母和孩子之间的裂痕越来越深。"

重要的是你要认识到，修复你与儿子亲子关系的责任并不在你儿子的身上，修复总是应该由做父母的率先开始。虽说要一个人承认自己的错误并不容易，但是，只要你肯接受自己是一个普通的人，知道发脾气和犯错误是不可避免的事，你就能为自己的错误选择承担起责任来，而且，这么做也是在为你儿子做出亲身表率。他需要知道你有这样的能力，然后他就会对他自己也能有这样的能力充满信心。他还需要知道，犯了错误就应该承认，并在接纳自己的同时承担起自己应该承担的责任，在该说"我错了"的时候说出来。只要父母跟孩子（尤其是父亲跟儿子）之间能够互相原谅，然后一起寻找解决问题的方案，重新修复感情联结，那么，这些曾经的裂痕反而能令亲子关系变得更牢固、更亲密。

做一个跟孩子有感情联结的父亲

家庭治疗师、多本男孩论著的作者迈克尔·古里安[2]曾记录过一

---

[1] 请参阅第二章译者注。
[2] 请参阅第六章译者注。

句土耳其的古老谚语:"有了孩子之后,你才算是成年了。"在许多不同文化的族群中,生儿育女都标志着一个人终于成熟,为了孩子而放弃自己的需求和抱负也成了毋庸置疑的事情。古里安说:"我研究了30多个不同文化的族群,却没发现有哪一个族群的孩子会比美国的孩子更加孤独。而且,我们的成年人似乎也比其他族群的人都更加孤独。在研究中我发现,美国的父母……最希望的恐怕是孩子能融入自己忙碌的生活,而最不希望的就是需要为了孩子放弃自己的忙碌生活。"

这当然并非建议你要为儿子牺牲你的人生和梦想。但是,如果你能花点时间审视一下自己的内心深处,你可能就会发现,你儿子并不是唯一渴望感情联结的人,作为父亲的你其实也一样。你儿子在他努力学习各种技能、领悟内心感受并诚实表达、以同理心待人的过程中,时时需要你的指导和鼓励。从他第一次信手涂鸦,到他获得第一份工作,他做每一件事都想要得到你的认可(无论他是否会明明白白地表现出来)。他还对你对他的看法(或他认为是你对他的看法)非常敏感,甚至他的一些不当行为也只是为了吸引你的关注,好让你对他做出些回应。

做一个有意识的、与儿子有感情联结的慈爱父亲,同样会丰富你自己的生活。儿子可以教导你对周围的一切保持好奇,他也许会向你展示该如何欣赏飞蛾的翅膀,或是泥巴的妙用。如果你愿意而且能够暂时放下你的想法、你的忙碌,哪怕短短的那么一瞬,他就能帮你推开另一扇窗,看到新的世界,得到新的感悟。你儿子可以在仅仅一个下午的时间里教会你探索、想象,以及心碎。你作为儿子的父亲所花费的时间,有可能是你在他的以及你自己的生活中所做的最为明智的投资。

需要思考的几个要点

男孩和自己的父亲有着一种特殊的亲子关系。以下是关于父亲和男孩的几个思考要点：

● 近年来父亲的角色已经发生了巨大变化，可是许多做父亲的却还意识不到如今与儿子建立感情联结的重要性。

● 父子之间在身体上和心灵上的联结是必不可少的。请记住玩耍在父子关系中的重要性，以及父亲可以表达对儿子的爱的微妙方式。

● 作为成年人，你必须首先出手修复与儿子之间的感情裂痕。在养育孩子的过程中，每个家长都会有犯错的时候。一旦你做错了，请一定要坦承自己的错误，并担当起修复父子关系的责任来。

● 父亲往往是儿子最早的行为榜样。如果你希望儿子能成为一个什么样的人，你一定要在自己的生活亲身实践，做好表率。

第八章 母亲与儿子

男孩当然需要母亲的爱，可他也需要能走向自己人生之旅的自由。母亲是孩子首要的也是最重要的家长，更与成长中的男孩共享着一些非常特别的感情。无论你与儿子的关系曾经历过多少次的拉扯和弯折，有过多少次的激烈争吵和互不理睬，做儿子的都仍然会渴望母亲无条件的爱和支持。当他心里笃定你的爱会永不褪色时，他就可以勇敢地走向他自己的人生。作为男孩的母亲，你必须在悉心呵护与鼓励他独立自主之间找到一个平衡点。

在爱与距离间寻找平衡点

小男孩与母亲之间的关系通常是从他此生第一次体验到的亲昵开始。是母亲用自己的乳房哺育他，轻轻摇晃着哄他入睡；当他在夜里哭泣时，也是母亲出现在他的婴儿床旁轻声安慰；到了他要学习走路时，通常还是她来为他提供安全的环境，让他去冒险，探索他的新世界，并在他探索归来时以温暖的怀抱迎接他。

然而，随着儿子慢慢长大，渐渐进入青春期，母亲便开始频频收到他的微妙信号，告诉她是时候松开她的手了。她不能再当着别人的面拥抱他，也不能再随意伸手爱抚他。有些善良的母亲可能因为担心自己会使成长中的儿子窒息而收回她的爱,把他独自留给男人的世界和男子气概的神话。可是,无论对母亲还是儿子而言,这都是一种损失,而且是不必要的损失。

男孩同样会感受到一定的社会压力,想要拉开自己跟母亲之间的感情距离。毕竟,谁没有听过"妈宝男""娘娘腔""被拴在了围裙带上"这类可怕的绰号和形容词?美国人的文化非常看重男人的强悍与刚毅,并不鼓励男人表达自身情绪的意识。他们认为,只有女孩(以及妈妈)才需要丰富的感情,而且因此认为,男孩必须远离自己的母亲才能找到作为一个真男人的位置。

比如说,有一个叫作斯蒂文的14岁男孩。他喜欢踢足球、打电玩、看书、讲笑话,而且喜欢跟他的母亲杰基分享他的这些兴趣。不论谁问他,他都会十分爽快地回答说他爱他的妈妈。她独自抚养他长大,他十分尊重并感激她的辛勤付出,以及她对他无尽的爱和不懈的支持。每当母子二人单独相处时,斯蒂文总喜欢和妈妈一起读书,还让她帮他挠背。晚上回房间之前,他总要给她一个拥抱。

然而,当他的朋友们出现时,事情就不一样了。尤其是最近以来,每当他跟朋友们出去玩时,他总是对妈妈皱着眉头粗声粗气地说声:"妈妈,回头见。"当妈妈站得靠他太近或叮嘱他注意安全时,他就会当着朋友的面翻个白眼。"我知道这会伤了她的心,有时我也觉得很不舒服,"他说,"但是,在别人面前说'我爱你'是很尴尬的。她现在应该已经知道了。"

等青春期的混乱和迷茫过去之后,斯蒂文一定能更加自如地表达他对母亲的爱,即便他的朋友们在场也没关系了。只不过眼下的他，就像大多数少年人一样，他的自尊心需要靠他与母亲拉开的距离来保持。

养育儿子，意味着你要在一些相互对立的力量之间寻找平衡点：亲近与距离、帮扶与放手、温柔与坚定。母亲一定要学会在给予儿子以爱和安定的同时，把他成长中所需要的各种技能都教给他。请记住，爱，是养育过程中不可或缺的养分，许多母子间所共有的特别感情是一笔宝贵的财富，绝非债务。母亲可以教儿子学会如何尽情地、自由地去爱。你所给予儿子的正面管教，就是让他能认识到感情联结的强大力量的第一课堂。

母亲对儿子的影响

男孩会从母亲那里学到关于爱和信任的第一堂课。威廉·波拉克博士[①]认为："母亲的爱非但不会让男孩变得更加柔弱，反而能够（而且的确会）使得男孩在情感和心理上变得更加坚强。慈爱的母亲所提供给孩子的安全根基——可以让儿子依赖一生的感情联结——非但不会让男孩养成依赖性，反而会给予他探索外部世界的充足勇气。其中有一点尤为重要，那就是慈爱的母亲非但不会'让'男孩表现得'像女孩'那样，反而实际上在培养他男子气概方面发挥着不可或缺的作用。"

母爱构建的庇护所

在小男孩生命的最初几年里，他会常常在两个选择之间左右为

[①] 请参阅第六章译者注。

难——既渴望自己去探索、攀爬、蹦跳、奔驰，又需要身边一直有个能让他感到安全的成年人。事实上，当小男孩学会了走路并开始行使他的一些自主权时，他的日常活动就已经反映出他的这种双重需求。他会离开母亲一小会儿（到家里的后院去，到公园的游乐场去，或者到邻居的家里去），然后又回到她的身边，跟她说上两句话，或是索要一个拥抱，只是为了确认她还在那里。

如果你能为儿子提供一个充满母爱、理解和安全感的大本营，他就能学到自尊与自信。如果你能帮助儿子建立起他的归属感和价值感，构建出他的良好品性，教导他生活所需的各种技能，并以友善但严格的方式落实应有的限制与约束，他就能学会放下心中的疑虑，勇敢地面对各种挑战并从容地进入他的世界。如果你能花些时间倾听他的想法并把心思放到如何解决他所面临的问题上，他就能学会识别和控制自己的情绪，掌握良好的判断力。一名称职的母亲与儿子建立起的牢固而充满爱的感情联结，有助于他学会与其他人保持亲密关系的技巧，培养他对女性的尊重之心，并为他将来与妻子建立幸福美满的婚姻关系做好准备。

有些母亲接受了所谓真正男子气概的传统文化，认为自己应该在情感上将儿子推开，而且往往早在儿子只不过两三岁时就已经开始这么做了。可是，你儿子在他长大成人之前其实一直都需要与你保持稳固的感情联结。你固然应该刻意避免侵犯孩子的隐私，但把孩子推开对他来说弊大于利。

把握放手的时机

当儿子开始寻求独立时,即使是最明智的母亲也会发现很难恰当地把握好放手的度。你儿子渴望能够自己做他自己的事,从想要自己穿衣服,到自己读他的睡前故事,到独自去跟小姑娘约会;可是,这样的行为会让你觉得像是他对你的推拒。养儿育女的悖论之一是,如果你能很好地完成为人之母的本分,你的儿子就会渐渐地远离你。

随着儿子的成长,你需要不断地寻找新的平衡,既要支持他帮助他,也要适时退后,让他从自己的经验和错误中学习。若是你把儿子抓得太紧,定会造成不必要的权力之争,尤其是在他进入青春期之后,毕竟,不论母子关系再怎么亲密,青春期也是一个相当坎坷的时期。你需要做的是教导他各种技能并经常用心倾听他的声音,然后,相信他,放开你的手。

建立良好的母子联结

父亲往往通过主动陪伴和刺激来与儿子建立感情联结。他们会在一起"忙活"各种事情。对母亲和儿子来说,这个过程可能有点不同。母子之间的纽带往往有赖于在一起度过的时光。从婴儿期到童年期再到青春期,一名称职的母亲会始终陪伴在孩子身边。儿子常说母亲是最懂得自己的人。这样的懂得通常来源于她倾注在孩子身上的时间——用来全心关注他,对他的信号和提示积极做出反应,给予他帮助、安慰与鼓励的时间。

母亲的自我意识

你可能从小和哥哥或弟弟一起长大,这些活泼的男孩成了你童年记忆的一部分。你也可能只有姐姐或妹妹(甚至完全没有任何兄弟姐妹),所以小男孩对你来说就像是来自另一个星球的生物。你可能拥有一段关系亲密、充满爱意的婚姻,也可能对你的丈夫感到深深的失望。你还可能出于各种各样的原因而成了一名单身母亲。

许多女性都惊讶地发现,自己对男性的感受会影响到自己与儿子的关系。如果男人带给你的都是痛苦,或者你没法信任男人,那么你可能发现自己很难轻松地跟儿子在一起,享受他的陪伴,任他做个活泼而快乐的小男孩。你对儿子的态度,也会在不知不觉中影响他对自己男性气质的看法,而这种影响有可能并不符合他或你的最佳利益。

男孩有许多不同于女孩的表现,比如更好冲动、更爱冒险、喜欢沉默或容易发怒等,这往往是最令母亲感到头疼的地方,毕竟,她们自己小时候可从不是这样的孩子!所以,请花些时间,尽可能地多了解男孩子,尤其是你自己的儿子。要多跟其他男孩的家长和看护者聊聊天,同时不要害怕与你儿子聊聊他如何看待他自己。对孩子的更多理解将有助于你为他设定更合理的限制,并能避免不必要的亲子之战。

要做一个有意识的母亲,你的任务之一就是了悟你最深处的自我。明白自己对男人和男孩的心态会有助于你更轻松地与儿子保持

感情联结。无论你是否公开表明你看待男人的心态，都一样会影响到你儿子对他自己的感受。需要的时候，寻求一位口碑好的治疗师来帮助你解决自己过去的心结，会是一项明智之举，可以确保你与儿子保持牢固的、充满爱的感情联结。

与儿子沟通的技巧

有句老话说，一个男人会不会是一个好丈夫，可以通过他与母亲之间的关系来判断。事实上，男孩与母亲的关系会是他一生中体验到的最为深厚也最为持久的感情联结之一，而且，更应该是他一生中最为健康、最有支持力的关系之一。以下是一些帮助你与儿子建立牢固的、充满爱的感情联结的建议：

● **倾听和观察**。做一个称职的母亲，需要你肯花时间用心倾听和观察儿子。要接纳儿子依照他的独有特性所做出的反应。需要时，以一些启发性的问题来吸引他的注意力；在提出你自己的建议或意见之前，请先允许儿子把他自己的想法完整地说出来。

● **花时间在一起**。维持感情是需要时间的，也就是说，你必须一心一意地陪儿子玩耍、瞎晃悠、做事情。要每天至少腾出 15 分钟独属于你儿子的时间，而此时你切莫一边陪他一边做其他事情！

● **回应你儿子的暗示**。当他说"妈妈，我自己能做到！"时，你只需教给他必要的技能，确保他的安全，然后就放手让他自己去尝试。这些技能和体验是他建立自信与自尊的保障。

● **对他的兴趣保持关心**。如果你儿子喜欢某项活动，跟他一起热情参与是你与他保持感情联结的绝佳方式。比如说，和他一起观看他最喜欢的运动，欣赏他新学到的滑板技巧。了解你儿子的世界会有助于你与他保持心心相连。

● **认识他的朋友**。要好好了解你儿子，没有比观察他与朋友玩耍更好的方法了。随着他逐渐成长，你要欢迎他带朋友来到你的家中。如果他可以大大方方地把自己的生活展现在你的面前，他就不太可能觉得有必要向你隐瞒什么。

● **尊重他的隐私**。即便是很小的男孩子也需要有独处的空间。你儿子可能会时不时地选择在自己的房间里独自玩耍，或是把自己"关到"他的电脑里或立体声耳机中去。这时，你应该向他明确表示，你在关心他的同时仍然尊重他对私人空间的需求。

● **设立友善而严格的限制，并且认真坚持下去**。"等你爸回来收拾你"是起不到什么作用的。要学习切实有效的管教技能，要用心为孩子设定合理限制，然后认真坚持下去。

● **注意爱抚孩子的限度，尤其是在公共场合**。给孩子一个热情的拥抱固然很棒，但有时这样的肢体接触可能会让你儿子感到别扭，尤其是等他稍微长大之后。你不妨制定一项家规，将浴室和卧室（你的以及他的）划为私人空间，规定必须先敲门然后才可进入。尊重儿子的需求有助于母子之间的感情联结保持轻松与包容的氛围。

男孩需要与母亲保持感情联结。如果没有外部干扰，大多数男孩都乐于在成长过程中与母亲保持紧密关系。你对儿子的了解将有助于你知道他什么时候喜欢、什么时候不欢迎你的拥抱。要把握好这里的微妙平衡并不容易，但是，你为此所付出的时间和爱，会让你想明白该如何既与儿子保持紧密联结，同时又鼓励他锻炼自己的独立能力。

为成长腾出空间

　　一名充满爱心的母亲可以为儿子去勇敢探索他的世界提供一个安全而可靠的大本营。但有些时候，即使是最为敏锐、最有爱心的母亲也很难适时地放开手。你和儿子之间的关系需要有喘息的余地。换句话说，需要有空间让你们俩既可以紧靠在一起，又可以适当地分开。你需要时间和空间来照顾你自己，经营你与亲朋好友之间的人际关系；你的孩子也需要你为他腾出成长的空间，好让他变得自信与独立。

　　对儿子真正的爱，意味着你须教给他将来离开你时需要的各种生活技能和良好人生态度。当你儿子最终走向独立生活之时，你便能知道，是你教会了他独立自主，让他成长为一个健康且自信的年轻人。儿子的独立并不意味着母子之爱与感情联结的终结，它只是标志着你与儿子的关系步入了一个全新的阶段。

　　随着时间的推移，你儿子将逐渐拉开与你的距离，把时间更多地花在他的新朋友和新活动上面去。维护好你自己的身体、情感和精神方面的健康，也是养育好儿子的重要组成部分。他需要知道妈妈有她自己的生活，而他也可以自由地过他自己的生活。

尊重孩子的人际关系

　　随着儿子的成长，他将在家庭之外发展出新的友谊等人际关系。他的一些交往活动，尤其是在他进入青春期之后，不会再欢迎你参与其中——至少也是不让你直接参与。作为一个明智的母亲，你当然知道自己不会永远在儿子的生命中占据首位。随着他逐渐成熟，其他人际关系——他的朋友圈，也许还有与心爱之人的浪漫感情——将占据越来越重要的地位。

就在你儿子构建他自己的人生之路时，你的倾听技能将会给你提供很大的帮助。有句老话说，如果有谁是你真心挚爱的，那么你会给他自由。对你成长中的儿子也该如此。当你可以松开你的手并任他自由飞翔时，他会很乐意继续与你保持感情联结。

陪伴玩耍的重要性

做母亲的总是有很多话，喜欢用语言表达自己的情绪，也喜欢靠语言来维护感情联结和亲密关系。但是，男孩却不见得也会总是如此。虽然你应该教导儿子用语言表达情绪，但你可能会发现他更喜欢的是用他的行动来代替语言。换句话说，你与儿子保持感情联络的最佳途径之一，也许就是陪伴他，跟他一起做各种事情。

让我们借用维罗妮卡的故事来描述一下母亲应该怎么陪儿子玩耍。维罗妮卡是一个十分忙碌的母亲，每一天的时间永远都不够用。她有个4岁的儿子，叫克林特，每当他感到被妈妈忽视时，他总会用自己的方式告诉她——他会变得不听话。也就是说，当维罗妮卡一心忙于她的工作、社区活动或家务劳动时，克林特就会变得执拗倔强，拒不合作，而且接下来往往还会大发一通脾气。

这天晚上，到了克林特该上床睡觉的时候了，维罗妮卡过去找他。不出所料，她果然看到克林特还坐在电视机前，玩着他最喜欢的电子游戏。他抬头看了她一眼，皱了皱眉头，然后继续玩他的游戏。维罗妮卡忍住了到了嘴边的斥责，想了想，坐在了克林特旁边的地板上。

"你在玩什么，克林特？"她问道。

克林特略带怀疑地看了她一眼，但还是向她解释道："我在让这些汽车到处跑，每撞毁一辆我就能得些积分。"说罢，他犹豫了一下，问道："妈妈，你想玩吗？"

"呃，我不知道该怎么做啊，不过，我可以试试看。"维罗妮卡说着，拿起另一个控制器，皱着眉头打量起上面的按钮来。

当然，克林特在撞车游戏中直接"痛殴"了他的妈妈，而且是一连三次。维罗妮卡投降了，大笑着，把克林特抱到她的腿上，紧紧搂在了怀里，大声说道："我打游戏可真是笨哪！"

"那个，我可以教你的，"克林特回答道，一边有些害羞地抬头看着他的妈妈，"然后我们就可以找时间一起玩了。"

维罗妮卡意识到她的小家伙这是在表示愿意与她分享他生活的一部分。她当即说道："乐意之至。"

语言在有些场合下是很有用的。实际上，母亲可以通过用语言表达情绪来帮助儿子学会更加坦然地面对情绪。但是，男孩并不总是喜欢用语言，尤其是在他感到难过的时候。这时，沉默会比语言更清晰地表达你的关心。

然后，到了第二天下午4点的时候，克林特跳进了厨房，大声喊道："妈妈，你该上课了！来学打电子游戏！"克林特很高兴他第一次成了懂行的专家，而维罗妮卡则发现，虽然她还是不喜欢电子游戏，但她非常享受在儿子擅长的领域里与他一同欢笑玩耍的时光。

事实证明，陪儿子一起玩耍是避免发脾气的好办法。克林特由此感受到了他与母亲之间的感情联结，维罗妮卡也借此了解了她的儿子。这实在是一个双赢的结局。

你儿子最需要知道的，是当他需要你的时候你会在他身边，知道你是他可以在暴风雨中驶入的安全港湾。他还需要知道你对他有信心，对他的能力、他的品格、他正在成为一个什么样的人，你都有信心。通过一起参与你儿子感兴趣的活动，你会向他传递一个清晰的信息，即你关心他所关心的事情。当然了，你没法跟他一起加入他的橄榄球队，但是，你可以找到不少其他方式来表达你对他的支持。一起去散步、参观博物馆，甚至是去杂货店购物，都可以是你们维护感情联结的宝贵时机。

树立正确的两性认知

作为母亲，你是对你儿子会如何看待女性最具影响力的老师。你的所作所为都是帮助他认识自己与女性的关系的生动课程。

假如说，你是亲子游戏小组活动时的一名旁观者，默默观察着一对对母子在参与各种活动时的表现。你看到，有一个母亲总是跟在她儿子身边寸步不离，在他将要去冒哪怕是最小的风险之前将他拽回来。另一个母亲则站在角落里与朋友交谈，完全无视她儿子的"妈妈，你看看我嘛"的恳求。你还看到，有一个母亲每隔几分钟就会去抱一抱她的儿子，而他则每次都会扭动身子，挣扎着，推开她的束缚。另一个母亲则亦步亦趋地随侍在她儿子身边，不断替他收捡玩具、递给他零食，完全舍不得让他自己动手做任何事情。

每一个男孩都会根据他母亲的行为做出他自己的决定，包括要怎么看待他自己、怎么看待他母亲，以及他必须怎么做才能获得归属感和被人看重的价值感。他还由此学到了关于女性的深刻教训。请你认真想一想，如果你很是周到地服侍你儿子，跟在他后面替他收拾一切，让他以为他是这整个宇宙的中心，那么他会怎么看待女性？如果你坚持让你儿子倾听你的苦恼，承担你的感情负担，夸奖说你看起来很漂亮，那么他会怎么看待女性？如果你总是不断地拥抱他爱抚他，并期望他把所有的时间都花在你身上，那么他又会怎么去看待女性？

尊重儿子，也尊重你自己

与儿子保持健康亲子关系的最好方法，也许就是你们彼此间的相互尊重。你应该尊重他的独有个性、他的感受和他的需求，即便你其实不同意他的看法（或者当你需要约束和管教他）时也一样；同时，你还应该尊重自己①。请记住，溺爱和纵容并不是有效的养育方式。你的儿子需要遵守相应的规矩和限制才能成长为一个健康的年轻人。如果你能在尊重儿子的同时也尊重自己，他就更有可能尊重他遇到的每一个女性，从他的一年级的老师到他未来的妻子。

需要思考的几个要点

男孩与母亲之间的关系不但独特而且重要。母亲必须把控在养

---

① 尊重自己，指的是不必把自己当奴仆一般地伺候孩子，或是祈求、哄骗孩子听话，抑或说过的"狠话"或"好话"回头不算数，等等。

育、帮扶儿子和培养儿子独立能力之间的微妙平衡。陪伴你儿子、给他留出成长的空间、允许他犯错误，都是你做一个有意识的母亲的本分之一。以下是需要思考的几个要点：

- 男孩也需要并珍惜来自母亲的关爱和感情联结。
- 你对男性的认知有可能影响到你面对自家儿子的各种行为时会做出什么反应。承认并接受这一点对你很是重要。
- 母亲也应该像父亲一样主动以健康的态度参与儿子的活动，陪他一起玩耍。玩耍是你儿子学习的重要方式之一。
- 在你儿子的生活中做一个好的女性榜样。要以你对自己的尊重来教导儿子建立对女性的正面态度。

第九章 培养孩子的社交技能

了解男孩子如何交朋友（或没能交到朋友），有助于你在他进入同龄人世界时予以恰当的帮助。对你儿子来说，那可能是一个非常重要的世界。他的交友可能从邻居或幼儿园的一两个小玩伴开始，等他上了小学之后，他会越来越被那些与他有共同兴趣的朋友所吸引。待他进入了高中，朋友的重要性会几乎盖过父母。他在交友过程中一定会出现问题，但是你的干预对他不会有什么帮助，相反，你应该把心思放到理解儿子的感受上，这才是找到解决问题之法的最佳途径。你儿子的朋友并不是与你抢夺他的爱与忠心的对手，若想要维护好亲子感情联结的健康与牢固，你一定要为儿子腾出交友的空间，并教导他如何成为一个别人的好朋友。

培养孩子的社交技能

孩子并非生来就掌握了社交技能。当你儿子刚刚出生之时，他的整个心神都会用在学习如何控制自己的肢体、如何与你建立感情联结、如何与人沟通之上。婴儿一直要长到1岁左右才能知道镜子里那个肉乎乎的小团子其实就是"我"，而他与别人打交道的能力还需要再过一段时间才能发育出来。在"交友"的最初阶段，你儿子只知道跟其他孩子在一起各玩各的,他并不在意旁边的小玩伴会是谁。要等到他开始在意旁边的人是谁时(通常要等到他两三岁左右),他才会开始尝试与小玩伴交往。而他的这种尝试并非总能得到好结果。

玩耍实验室

玩耍实实在在是幼儿认识他周围世界的重要方式。他会去探查、摇动、戳弄、拉拽。他会抓住那个探索物并往上面爬。不幸的是,如果他以所有这些动作去"考察"的对象是另一个孩子时,那个孩子就可能会被他撞疼或抓破皮,会感到伤心和难过。年幼的孩子还没能学会如何跟人分享玩具,跟小玩伴"一起玩"是需要一定的时间才能逐渐适应的。学龄前的孩子总以为自己是他这个世界的中心,若要在他的世界里让他容纳下别人,是需要时间和练习的。

到了两三岁时,男孩和女孩的交友方式就开始显现出性别差异。女孩通常更喜欢跟一两个最好的小朋友交往,并能建立起相当紧密的私人关系。男孩则更喜欢跟好多个小伙伴组成一个小群体,大家一起玩,但他们之间的关系却不如女孩密切。男孩生气时可能会通过直接动手来表达,而女孩生气时则可能通过冷落、说坏话以及羞辱来表达。

"没人跟我玩!"

有些孩子似乎天生就招人喜欢。他们很容易交到新朋友,能很快适应不同的环境和人,而且很善于让自己融入新的孩子群体。可是，还有一些孩子却会畏缩不前，很依赖父母，而且不善于把握参与别人的玩耍和交谈的机会。看着一个孩子独自坐在那里，听到他难过地表示"没人跟我玩"，那真能令父母心碎。

一个孩子在同龄人中能否如鱼得水，部分取决于他有多少准确发送和接收非语言信号的能力。比如说，一个孩子若总是与他人靠得太近、说话太大声、穿着太离奇，或太喜欢伸手碰别人，往往会很难与他人相交融洽。又比如说，有些孩子在不想加入或不知道该怎么加入别人已经开始了的游戏时，他会表现得很生气。

研究学者们现在认为，羞怯可能受遗传影响。换句话说，有些人可能一辈子都是这种性格。所以，请不要强迫你家孩子去做他认为困难或不情愿的事情。要接纳他的独特气质，多花心思耐心地教他学习应对技巧。

幸好，大多数社交技能是教得了也学得会的。如果可以的话，请找个机会观察你儿子和其他孩子在一起时都会发生些什么事情。幼儿园的老师也会以一双善意的眼睛关注你儿子，并告诉你为什么他会难以交到朋友。友善的态度、温和的鼓励再加上反复的练习，往往能让问题得到解决。

朋友的重要性

男孩和女孩都渴望感情联结和归属感。像我们所有人一样，男孩也需要朋友,当他们觉得自己没有朋友时,他们会感到痛苦,他们也会在人际关系陷入坎坷时感到难过。许多成年人认为,男孩对朋友的需要好像没有女孩那么强。斯多葛式男人①的神话甚至已经渗透到孩子的童年时代。但事实上,没有哪个男孩会是一座孤岛。从童年到青春期的整个成长阶段中,男孩都很看重他的朋友,而且当他能与同龄人建立牢固的友情时,他就会活得更快乐、更健康。

去做,而非去说

尽管人们普遍认为女孩更擅长人际交往,但是,大多数男孩都认为朋友是他们的生活中至关重要的一部分。事实上,男孩可能比女孩更善于维护自己的友谊。最近一项针对10—15岁男孩和女孩的研究发现,女孩的友谊实际上更加脆弱。女孩比男孩更容易说出伤害对方的话、做出伤害对方的事,而一段友情终结时女孩所感受到的伤害也比男孩更严重。

替你儿子报名参加各种兴趣班或团体活动时,一定要注意分寸。专家们告诫说,将孩子的时间安排得过于紧密等于剥夺了他学习自娱自乐的机会。如果你坚持给儿子安排太多的运动、游戏或其他活动,他也许不再有能力简简单单地在自家后院里玩耍。

男孩的友情通常是在一起参与一些活动的基础上建立起来的。

---

① 请参阅第六章译者注。

男孩往往是"扎堆"这个词的鲜活实例，他们喜欢需要多人一起参与的、有规则也有竞争的活动。男孩的活动中通常少不了一定程度的开玩笑，有些偶尔会变成恶意戏弄，尤其是当他们认为某个男孩太软弱或太笨拙时。男孩似乎很喜欢与他人对抗的机会，许多持久的友情往往始于武打课程或篮球比赛。一个本领高、能力强的男孩会受到众人的尊重，而一个总是掉在队尾甚至完全被排除在外的男孩则可能很多年都摆脱不了遭人厌弃的痛苦。

青春期的友情

随着男孩逐渐长大，友情对他变得越加重要，而且常常延伸到了与女孩的交往之上。进入青春期后，朋友很可能成为男孩生活中最为重要的一部分，而且还会将他的父母排除在外。许多父母发现，自己那曾经热情洋溢对他们张开双臂的儿子在进入青春期之后就变了，有了越来越多的隐私，甚至是不让自己知道的秘密。你儿子固然永远需要与父母的感情联结，但是现在，除了与你的联结之外，他还需要与一群能理解他、接纳他、认同他对这世界的看法的朋友们保持联结。

进入青春期后的躁动与迷茫往往使得男孩与朋友之间的关系更加紧密。尽管他们之间会不断地有些玩笑和戏弄，但是，"朋友"对许多男孩来说都是会"永远守在我背后的人"，是他可以绝对信任的人。他们可能是他干坏事时的伙伴、学习时的同伴，偶尔也会一起去参加派对。青春期男孩之间的友情可以深厚到你难以置信的程度。

由于青春期男孩对朋友的过分亲近和忠诚，你可能因为觉得儿子漠视你而感到难过，甚至是伤心。他很可能不再与你无话不谈，毕竟，青春期孩子的任务之一就是建立他独立于父母的自我。强迫儿子向你敞开心扉、分享他个人生活的细节，或者是让你也参与到他的活动中去，往往会让事情变得更糟。你的耐心、合理的限制与尊重，都是有意识地养育青春期孩子的关键所在。

尽管你儿子与朋友之间的友情可能有起有伏，但你若插手干预却不是明智之举，倒不如指点他与人修复友情所需要的技能，比如说，鼓励他对自己的行为负责、学会体谅朋友的感受、寻找改善僵局的办法等。你的同理心远比提供他不想要的建议要更好。

体育运动：自我拼搏的理想舞台

并非所有男孩都喜欢或愿意参加体育运动，有很多健康而快乐的男孩更喜欢音乐、艺术或科学。尽管如此，许多男孩都会在他人生中的某个时刻选择参加团队式的体育运动或是比赛，而他们当中的许多人都会把参加体育运动看作获得自我认知的一种方式，一条通往归属感和价值感的路径。体育运动还可以是父母和儿子建立感情联结的途径之一，是你能提供给孩子的一个任他放心去探索骄傲、失望、决心乃至失败的平台。参加体育运动有助于孩子了解自己并与他人建立起紧密的友情。当然了，体育运动也会让男孩体验到羞愧、尴尬和耻辱等感受。

美国人之所以热爱体育运动，很大程度上是因为它象征了我们每个人在生活中都会体验到的努力拼搏。对男孩来说，体育运动还能让他得到在他年幼的生活中从其他场合不容易得到的、一个可以不加遮掩地表达情绪的地方。在指导有方的教练和有心父母的支持下，体育运动可以激励男孩去努力奋进、认识自己、勇于失败、体验与他人一同努力赢得成就的快乐。许多男孩永远不会忘记自己当年在少年联赛中的辉煌战果，高尔夫球场上第一次在规定杆数之内成功把球送进球洞的骄傲，或是他个人最好的游泳成绩。

如果你儿子想退出某项体育运动并转而去尝试另一项，该怎么办？孩子其实并不总能确定他是否真的喜欢他报名参加的某项运动。你要先想清楚，你希望你儿子能从那项运动中学到些什么，然后，跟他一起坐下来，讨论一旦决定后该怎么做。父母应该允许孩子去做新的尝试，而且应该知道并非所有的尝试都会有好结果。

只不过是场比赛而已

如果父母能理解、支持、鼓励孩子去实现他的梦想，这当然是一件很好的事情。可父母若把孩子逼得太紧却是有害无益的事情了。你儿子去打比赛的原因应该只因为他想去，就这么简单。

你还应该关心孩子的日常练习和比赛活动。虽然大多数教练都是些关心孩子并希望自己能帮助他们走向成功的人，然而，有些教练却会认为羞辱是激发男孩上进的、可以接受的好手段。虽然在训练和比赛过程中难免会有一些奚落和责备，但是，永远不要让你儿子受到教练或队友的言语虐待甚至是身体虐待。

即使你无法密切观察教练或其他队员如何是对待你儿子的，你也可以通过其他途径来判断这项运动是否适合他。比如说，你可能会发现孩子每次练习时都提前半小时就带齐了所有的装备在车旁等候，或者他可能会说自己肚子痛，并在训练前后什么都不肯告诉你。

你要有耐心，要用心倾听和观察孩子。他的感受自会有他的道理。

请记住，你儿子的价值并不取决于他在体育运动上获得的成就。无论他曾经多么努力、做了多少练习，大多数男孩后来都不会成为职业运动员。要关注你儿子付出的努力和取得的进步，要平和地对待他的错误和失败。不断批评他的不足之处，并不会让他更喜欢他正在练习的动作，也不会让他更喜欢你。参加体育运动能让你儿子从中学到很多关于生活、信念、团队合作等方面的知识，而如果你随时提醒他只不过是场比赛而已，那么他就能学到更多的东西。

玩耍：与同龄人相处的法宝

有一位叫萩野矢庆记（Keiki Haginoya）的日本摄影师，他在20世纪70年代开启了一个长期项目，记录东京街头儿童玩耍的场景。原本他的打算是将该项目延续一生，但最终结束于1996年，因为他再也找不到在街道和城市空地上玩耍的孩子来拍摄了。

孩子不再能像以前那样出门玩耍，而且，为了遵照"不让一个孩子掉队"的学业要求，以及对衡量学生成绩的标准化考试的看重，许多美国学校取消了部分课间休息时间，这对好动的男孩来说实在不是什么好事情。此外，许多家长因为太过担心孩子的安全，故而不允许孩子在无人看管的情况下去户外玩耍或到生活小区里闲逛。

密歇根大学的一项研究发现，从1979年到1999年，孩子们每周平均失去了12小时的空闲时间，其中包括8小时的自由玩耍时间。

这些时间大部分都花在了团队形式的体育运动上，以及看电视和打游戏上。我们不难想象，从这项研究结束到今天，孩子们肯定又失去了更多的空闲时间。

为什么这件事情很值得关注？因为孩子从玩耍中能学到的东西多得令你吃惊，尤其是当他与同龄人一起玩耍的时候。他能从中学到妥协与协商的技巧，学会耐心等待轮到自己，并在失败时接受自己"出局"的事实。他们会一起创造具有复杂规则的游戏，不断保持住身体的活跃度和警觉度。可是，随着自由玩耍时间的消失，许多孩子不再有机会学习这些与他人相处所需的必要课程。事实上，随着自由玩耍时间的减少，霸凌现象在逐渐增加。

霸凌：需要谨慎处理的问题

每天有多达 16 万名儿童待在家里不去上学。他们并没有生病，尽管他们可能声称自己是病了。他们其实是害怕。霸凌是一个全球性的问题，几乎每个国家都有干预计划来处理伤害其他儿童的儿童。尽管如此，几乎每个孩子都说得出他曾亲眼看见过有人欺负别人，或是自己被别人欺负过，或是自己以某种方式参与过欺负别人的故事。为什么暴力和霸凌行为在今天会是如此的盛行呢？

霸凌是什么样的行为

霸凌就是以力压人。从前那种当街抢了别人的牛奶钱还要把人打出一个青眼圈的"土霸王"行为基本上已经很少见了。不过，虽然以打人为形式的霸凌依然存在，但如今的霸凌行为往往形式更加微妙。

霸凌者通常针对他们认为不太可能反击的孩子出手。被霸凌的孩子可能因为他的衣装外貌、经济水平、种族出身或是言辞毛病而成为别人的攻击目标。如今的"土霸王"们在给受害者造成痛苦和羞辱别人方面已经越发有"创意"，他们可能用侮辱性的、有种族诽谤意味的，或其他形式的冷嘲热讽来羞辱对方；还可能从人际关系或个人感情的角度欺负别人，比如在午餐时间或一同玩耍时故意将某个孩子排除在外；他们甚至可能使用新科技来施展霸凌手段。

网络霸凌

在最近几年里，先进的网络技术为霸凌者提供了强大的新式武器，他们现在可以使用带内置摄像头的手机、电脑，用社交网络和复杂软件来攻击、羞辱他们的霸凌目标，有时甚至会有数百名在线观众。许多最新研究都记录了网络霸凌与抑郁症和自杀念头之间的关联。

你儿子的世界中发生的事情可能比你知道的要多得多，对此你一定要警醒。要自己学习有关互联网安全方面的知识，并经常邀请你儿子与你聊聊他在网络上的各种活动。

为什么男孩会成为霸凌者

自己也参与了霸凌行为的男孩的数量非常惊人，这是一个会令许多父母都感到沮丧的事实。很多霸凌者都是曾被别人欺负过的人，有些人甚至是遭到了父母的欺凌。请记住，孩子的每一种行为背后都是有其缘由的。冷嘲、热讽、苛待、漠视，都可能会促使孩子将自己因此而受到的痛苦发泄到周围其他人身上。霸凌者之所以会伤害他人，有可能是因为他没有安全感，或是受了别人的伤害却无法言说。

话虽如此，但是，故意给别人造成伤痛仍是不可容许的事情。作为孩子的父母，你应该有意识地积极对此加以预防，比如说，花时间维护你与儿子的感情联结，向他示范你是如何控制愤怒、如何用言语表达情绪的，以及设定明确的限制，不允许他欺负别人。学校老师可以通过召开班级会议，带领大家讨论霸凌、羞辱和戏弄行为来帮助学生们。研究表明，只要校长积极主动、老师训练有素，那么学校里的霸凌事件就会大大减少。

你的儿子遭遇霸凌了吗？

许多男孩都在上学期间遭受过一两次的霸凌。如果你注意到你儿子出现以下行为，则表明他可能已经成为霸凌者的目标：

- **貌似生病**。遭受霸凌的孩子通常会在每天早晨上学时说他觉得肚子痛或是头痛，也可能在课间休息或午餐休息之前因"生病"而要求回家。
- **逃避上学**。本来喜欢上学的孩子开始变得不愿上学，哭着求你别送他去学校，甚至谎称学校今天放假。
- **改变习惯**。你可能注意到孩子变得易做噩梦或难以入睡，或者食欲比以前差了不少，抑或喜欢独自待在自己的小屋里几小时不出来。他可能不再愿意出去玩，或是在上学或放学路上故意绕远路往返他需要搭车的车站。
- **总是走神**。你儿子可能在上课时无法集中注意力、忘记老师布置的任务、完成不了家庭作业。他也可能看起来神思恍惚、魂游天外。

如果你儿子遭到了霸凌者的针对，那么他一定需要你无条件的支持和爱。遭受霸凌常常会导致男孩很大程度上丧失他的自尊与自信。你要给予他更多的关注与倾听，要让他知道你注意到了他的心态和行为上的变化。你可以温和地问他一些问题，以便更好地了解他一天的学校生活。比如说，你可以这么问："今天去学校的路上发生了什么事情？""你今天话很少，看起来很难过，我能帮上你吗？"你还可以请求儿子的老师特别关注他在课间休息、午餐时间以及在教室外面的表现，并请老师把他的发现及时告诉你。

切莫在儿子面前树立以好斗为荣的榜样，这无异于你在刻意鼓励他去欺压别人。霸凌不代表强悍，更不是男子汉气概。真正的男子汉是不需要通过给别人造成痛苦才能得到安全感和自信心的。

你也许很想激励你儿子狠狠地反击回去，但是，报复很少能解决问题。然而尽管如此，任何人都无权伤害你的儿子。你不妨指点他如何控制他的情绪、用幽默化解局势、充满自信地走开，或是当霸凌者在场时请朋友跟他一起走到一边去。不过，有些霸凌情况还是需要成年人出面干预的。这种情况下你一定要和儿子一起制订行动计划。

与女孩的友谊

大多数年龄幼小的男孩对男女性别几乎是没有任何成见的。他会很乐意跟任何愿意跟他做一样的事情的人一起玩。然而，随着男孩年龄的逐渐增长，他开始越来越清晰地意识到他跟女孩是不同的。他们的身体不同，声音不同，喜欢的游戏和玩具也不同。到了五六岁的时候，许多男孩开始痛苦地意识到男孩就应该表现得像男孩一样——坚强、勇敢、独立。再往后，男孩的态度变得恨不能在他屋里挂上一条横幅，上书"女孩禁止入内！"。

对女孩的态度

男孩在成长过程中会逐渐远离女孩（比如当他有朋友在身边时）的部分原因，是他开始意识到了性别上的差异。如今，小男孩比以前更早地知道了男女在生理上的不同。他会对自己认识的小女孩既感兴趣又充满好奇。如果他和小女孩一起玩，他可能会成为别人的嘲笑对象，笑话他跟女孩"好了"（比如说，别人会这么起哄："罗伊和爱丽丝坐在树上，唔嘛唔嘛亲了嘴巴"）。许多小男孩发现若能彻底躲开女孩，日子会好过得多，哪怕是那些他更小的时候曾一起快乐玩耍过的女孩也不例外。

然而，当男孩长到 10 岁或 11 岁时，他对女孩的好奇心会开始超越他的逃避心。请记住，男孩也是有感觉的，女孩通常是做朋友的好选择。在青春期的早期阶段，男孩开始将女孩视为交朋友的对象，甚至是做女朋友的对象。

女孩朋友与女朋友

男孩和女孩之间的友谊可以扩展男孩的情感幅宽，让他能第一次自由地谈论自己的生活。与女孩的友谊还可能是男孩第一次对情感上的亲密和信任的体验。对性的好奇也会有一定影响，而且，男孩往往不愿与父母讨论这些复杂的友情，这也是情理之中的事情。

你可以帮助你儿子与女孩建立健康的友谊，既不必过于热忱（"哎呀，你的女朋友太可爱了！要不要我开车送你们去看电影啊？"），也不要过于阻拦（"你还太小了，不适合把时间花在女孩身上。你的足球哪儿去了？"），要认真倾听，鼓励尊重，花心思教导儿子你希望他能拥有的人生态度。好朋友再多都不会有人嫌多的，无论朋友的性别是男还是女。

支持儿子交友

每个做父母的都不忍看到自家儿子为友情而痛苦挣扎，毕竟，他们中的大多数在自己的一生中也曾经历过这样的痛苦时刻。你儿子可能会对你说"没人愿意跟我一起玩"，或"桑迪邀请了所有人去参加她的生日聚会，可就是不邀请我"。父母有时很难知道自己什么时候该出手相助，什么时候不该出手。

不论你是否乐意承认，你都是不能代替你儿子选择他的朋友的。当他与朋友争吵或哀叹没有朋友时，你冲过去救他也并不能教会他交友所需要的技能。你儿子肯定会时不时地带些令你不喜的朋友回家。禁止他们交往通常会让你儿子更觉对方的吸引力。所以，与其禁止你儿子与谁交往，不如邀请他把朋友带到你家里来，这样你不但方便观察他们的互动，还能以身作则带领孩子树立良好的价值观。你的关注重心要放在教导孩子们相互尊重、遵守规则、培养良好品格之上。

朋友是你儿子生活中至关重要的一部分。在孩子交友方面你可以给予他的最好支持，包括你有意制造他与朋友见面和建立友情的机会、让他通过自身体验去学习为人处世、相信他能够与男孩以及女孩建立相互尊重的友谊关系。当你儿子的友谊遇到坎坷时（这在所难免），请不要急于出手干预或拯救他。相反，你要用心倾听，让他谈谈他的感受和他的做法，并把你的关注重心放在教导他良好品格和处事技能上。

需要思考的几个要点

你儿子的友谊将在他的生活中发挥重要作用。虽然让你儿子独立处理他的交友问题是明智之举，但是，如果他向你提出了相关问题，你也要随时做好认真倾听的准备。作为一个有意识的家长，你应该做的是表达你的理解，提供你的建议，而不是出手干涉。鼓励你儿子交友将有助于他的成长。以下是有关他与朋友互动的几个思考要点：

- 父母是孩子学习如何与人正当交往的第一表率。
- 男孩的最早友情往往是通过在一起玩耍而建立起来的。
- 体育运动是强身健体和培养社交技能的好办法。然而，并非所有男孩都会以同样的眼光看待体育运动和比赛活动，而且有些男孩需要父母的支持和指导。
- 许多男孩会成为霸凌者的目标，或是自己也成为霸凌者。向孩子讲解什么是可接受的行为，培养孩子的同理心，可以最大限度地减少霸凌行为的影响。
- 男孩与女孩之间的友谊对于他的情绪成熟非常重要。父母应该允许儿子与女孩建立健康的友情。你虽不必过分热忱，但在孩子需要你帮助他在这个新领域里航行时，也要及时予以指点。

第十章

青春期男孩的关键养育

当男孩进入了青春期之后，父母通常认为自己不再需要像以前那么辛苦了。其实，青春期的男孩和幼小的男孩一样，都需要与父母之间的不断互动和感情联结，只不过此时的亲子关系必须从你这一方做些改变，以便为少年人的日益独立留出成长的空间。实际上，青春期阶段的男孩会在身体发育、情感发育和性发育等诸方面都发生巨大的变化。对孩子的过度控制会引发亲子权力斗争，而过度的纵容同样是危险的。你儿子比以往任何时候都更需要你友善而坚定的态度，合情又合理的限制，以及有意识的正面养育。

了解青春期男孩

青春期的少年人不仅仅是"桀骜不驯"的准成年人，他们也是心怀理想、体贴周到、忠诚有信的人。面对处于青春期的男孩，我们希望他能学会管理自己的生活，变得独立自主，并远离各种麻烦。毋庸置疑，男孩和他的父母往往都会觉得青春期的挑战似乎有些难度过高。

教育学博士简·尼尔森，以及文学硕士、婚姻与家庭治疗师林恩·洛特在《十几岁孩子的正面管教》①一书中指出，人有两次新生。第一次，我们的母亲给予了我们以新的生命；第二次，我们在青春期自己给予自己以新的生命。尼尔森和洛特指出："不论是对我们的母亲还是对我们自己而言，第二次新生都往往更加艰难。"

长久以来，人们一直都知道青春期是一个充满剧烈起伏和变化的时期。"叛逆"和"青少年"这两个词经常出现在同一句话中。尽管如此，父母保持警醒并坚持正面管教，定有助于你同儿子保持良好的感情联结，让你们不但能一同"熬"过孩子的青春期，而且能享受这一旅程中的乐趣。

青春期少年的大脑

科学技术不但让我们了解了幼儿的大脑和发育，如今，它也为我们打开了一扇了解青春期少年那总是充满困惑与烦恼的世界的新窗户。家长们经常被少年人成熟的外表所误导，指望着他也能有成年人的思维和行为。当青少年犯了错（这是少不了的）、发了脾气（这也是少不了的）或冲动行事（没错，这同样是少不了的）时，做父母的可能会感到受伤、惊讶和担心。当你的青春期孩子坚守自己

---

① 林恩·洛特（Lynn Lott），在正面管教和育儿方面拥有丰富的专业知识，与人合著了多本有关该主题的书籍，主持了许多针对家长、教师和专业人士的正面管教的教学及培训工作。

《十几岁孩子的正面管教》（*Positive Discipline for Teenagers*），最早发表于2000年，是正面管教系列书籍中的一部，旨在为父母和看护者提供针对青少年的有效养育和管教策略，为了解青少年的成长发育、促进亲子间的相互尊重、建立有意义的人际沟通、鼓励青少年为自己的行为负责等诸多方面都提供了不少建议。

的隐私、不愿跟你谈论自己的个人生活、一连几个小时躲在自己的房间里不出来时，你作为父母可能会觉得孩子这是故意针对你。但是，只要你能弄明白青春期少年的发育状况，你就能知道该怎么维护好你与儿子之间的感情联结，设定出更合理的限制，帮助他学会自律和各种必要技能。

最近几年的研究让我们又知道了一些关于青春期大脑的令人惊讶的新发现。少年人看上去可能已经长得很像成年人了，可他们的大脑却并非如此。这些大脑成熟度上的差异解释了许多成年人难以理解的少年人的特质。你应该还记得，在孩子出生后的最初几年里，他的大脑会飞速成长，以惊人的速度形成一个个新的突触。到了童年后期，大脑开始修剪那些已经没有了用途的突触。你儿子的基因以及他的成长经历决定了哪些（以及多少）突触将被修剪掉。等到你儿子进入青春期之后，他的大脑会又一次经历快速增长，其中包括各种激素的新增。

前额皮质

前额皮质是大脑中负责"执行功能"的部分，例如控制冲动、做出判断、权衡选择等，换句话说，能提供父母希望青春期的孩子具备得更多的那些"好"的能力。然而，如今的研究学者们却认为，年轻人需成长到大约25岁时前额皮质才会完全成熟，这主要是因为连接前额叶皮层与大脑其他部分的神经链接尚未形成完整的髓磷脂涂层，所以还不能最有效地传递信号。这就解释了为什么青少年很容易冲动（意外事故是青少年死亡的主要原因），而且青少年在行动之前不太可能先考虑后果。

青春期大脑还可能影响到日常生活的昼夜节律。你可能已经注意到儿子"无法"在午夜之前入睡,然后又"无法"早上爬起来上学。他可能并不是想要逃学或跟你作对;许多青春期的孩子都会发现自己的睡眠周期跟以前相差了几乎两个小时。

前额皮质的另一个功能是控制大脑里的情绪中心。接下来我们会谈谈激素的影响。

青春期时的激素与情绪

情绪是一种强有力的东西。每一个男孩都会有难以清晰而有效地表达自己情绪的时候,只不过,等他进入了青春期,大多数男孩就都会觉得自己总是很难表达内心感受并寻求他人帮助,甚至很难真正意识到自己的情绪状态。似乎这还不够挑战难度,伴随着青春期身体变化而新出现的激素还会让一切变得更加复杂。经常引发冲动行为的情绪会不受控制地涌动,而大脑中负责管理情绪的部分又尚未完全发育成熟。难怪青春期的少年人和他们的父母都会令彼此感到如此烦恼。

激素(尤其是睾酮激素)似乎能削弱青春期少年准确解读非语言信息的能力。成年人会使用前额皮质来解读他人的情绪线索,但少年人依靠的却是边缘脑系统,也就是大脑中负责"直觉"的那一部分。十几岁的男孩常常无法准确地解读他人的情绪。比如说,当他们看到成人的表达各种情绪的面孔照片时,其中的大部分都会被他们解读为"愤怒"。

待你儿子进入青春期之后,继续与他保持良好的感情联结是比以往任何时候都更为紧要的事情。要善用你的倾听技巧,为他经常难以控制的情绪提供语言提示,帮他走出困境。你要尽可能地保持冷静,哪怕你儿子已经很不冷静了。花点时间让自己冷静下来,不论对孩子还是对父母而言都是一种非常有价值的技能。以认真倾听来帮助儿子识别他的情绪,向他坦承你自己的感受、跟他分享你在青春期的经历,都可能会对他有所帮助。请记住,尽管你儿子的大部分行为(和愤怒)可能会让你觉得都是专门针对你的,但事实上往往并非如此。

成年之旅:掌握爱和尊重的诀窍

青春期是人类健康发育过程中的一个极其重要的环节,而且绝不是一桩简单的事情。青春期少年必须在几种相互冲突的需求中寻找平衡。他会希望自己与父母和其他家人继续保持感情联结(尽管他可能不想承认)。他想要得到成年人的特权和机会。他可能会对自己即将面临的独立生活感到焦虑。他还希望自己能融入朋友们的圈子,想要尝试新的行为,学一些新的东西。这一切全都叠加到一起时,难免会让人感到力不从心。

面对身体变化

身体上的变化是肯定的，你的小男孩会在青春期变成一个完全不同的大男人。他的个头变高了，肌肉变厚实了，声音也变得低沉了。毛发从他意想不到的地方长出来——或者别人长了他却没长，这两者都会令他感到困惑。他的生殖器官也在生长发育，让他体验到了新的冲动和需求。所有这些变化都会让男孩常常在面对父母——尤其是母亲——时感到相当别扭，而这又让他越发需要自己的隐私空间。

就在这些外在变化发生的同时，他还经历着重要的内在变化：你儿子已然踏上了从童年走向成年的转变之旅。这一过程被我们称为"个体化"，而且往往不会是一个简单的过程。你儿子必须弄明白他对自我的认定，并开始考虑他成年之后的人生该如何度过。他想要寻开心，于是做出些相当危险的行为。他的朋友在他的生活中占据了极其重要的地位。青春期的孩子，尤其是男孩，可能会感受到必须决定未来职业生涯的压力，感受到想要被人认为他有能力也有本事的压力。还有，你儿子会想方设法将自己从你身边剥离开来，这就是为什么许多以前很听话的孩子突然变得对父母的想法和看法都十分敏感。

支持你的儿子

明智的父母可以为孩子顺利渡过青春期的汹涌浪潮提供巨大的助力。在这几年里，你和儿子之间的亲子关系无疑会发生一些变化，但并不一定只能朝着疏远或困难变化。以下是一些值得你思考的建议：

- **保持感情联结**。即使孩子声称他不在乎你是否去参加他的体育比赛或学校活动，你也要尽量抽出时间来参加他的各种活动。只要让他知道你会到场，知道你关注着他的生活，这就会产生很大的不同。

● **继续倾听与关心**。在你儿子学习如何自己做出正确决定的过程中，他仍需要你提供的限制和以尊重为前提的坚持落实。你要主动了解他的学校生活和他的朋友。要设定合理的限制，并在他需要你的时候及时出现在他身边。

● **知道儿子在乎的事情会与你不同**。你可能更在乎你儿子晚上是否及时回家、他的学习成绩和他承担的家务；你儿子则可能更在乎他额头上的痘痘，或是那个上数学课时坐在他旁边的女孩。

● **接纳你控制不了他的事实**。你可以指点、教导、支持和鼓励正处于青春期的儿子，有时你也必须坚持执行你们预先商定的协议。但是，你却做不到控制你儿子的所思所想、所感所为。他必须学会自己去做好这些事情。

● **在适当的时候放手**。你儿子需要有足够的空间来学习和练习成年人才有的技能和心态。他肯定会犯错误，但是如果你能允许他犯错误，他就能从中学到很多东西。把孩子抓得太紧的父母通常会发现自己正被儿子推开。

通过所有这些青春期的变化，你能看到儿子会成长为一个什么样的人。对父母和青春期少年来说，这些变化一定会给你们带来很多困扰，但是，在你的整个养育过程中，他的不断变化是不可避免的事情。他不可能永远只做你的可爱小宝宝，不过，只要你能始终秉持着爱心和尊重陪伴在他的生活中，他就会欣喜于你的存在。

设立恰当的规矩与限制

每个做父母的都会在某一天意识到，自己不可能永远把孩子留在身边。毕竟，再过几年，孩子就会独自行走于人间。你在这些年里做过的每一个决定都会对孩子的未来产生影响。你必须想清楚也认清楚你希望他将来成长为一个什么样的年轻人。

给孩子留出独立的空间

假设此时你正在教你儿子学开车。刚开始的时候，你可能会一边开车一边讲述一些他需要掌握的知识，并向他示范方向盘如何掌控、刹车闸怎么用、行车时必须遵守的交通规则，等等。然后，有一天会变成你坐在了乘客座位上，由你儿子接管了方向盘。现在是他在驾驶汽车，你则在一旁适时提供指导（以及时不时地倒吸凉气）。到了最后，你儿子终于可以自己开着车离你而去，而你则站在公路边，祈祷他已经掌握了他所需要掌握的一切。

基督教青年会（YMCA）曾在2000年举办过一项针对200名青少年的调查研究，结果发现，没有足够的时间与父母在一起是这群青少年最为关注的问题。这群青少年的父母更关心的却是毒品和酒精，对他们来说，与自家已经十几岁了的孩子共度时光被排到了第四重要的位置上。父母和孩子都认为是父母的工作导致他们没有时间共度家庭时光。

和一个十几岁的男孩一起生活，恰如你教他学车的过程一样。在他年龄尚幼的时候，你是通过自己的一言一行来教导他所需的技能和心态的。随着他逐渐成长，你需要给他留出空间让他自己去尝试，而你则负责在一旁支持和监督。等到了最后，他会走出家门，开始他自己的生活，而你就只能远远地看着他，祝福他，爱他。如果你试图替他掌控他人生的方向盘，他可能会觉得除了把你从车里赶出去之外再无选择。作为一个有意识的父母，你须明白你的任务是在儿子学习的过程中教导他、支持他，并最终放开手让他自己独立生活。

面对十几岁的儿子，恐惧有时会导致父母过于不放心，什么都想插手，变成过度保护或过度干预。其实还有一条更好的道路可走。你可以利用日常生活中的桩桩件件来教导儿子学会担起他应尽的义务，为自己的行为负责，掌握妥善解决问题的技巧。

与孩子一起制定规矩

青春期的少年人，如果他能得到别人的尊重，那么他就能学会如何尊重别人。许多青少年都觉得自己得不到父母和老师的尊重，这又导致了他们不会去尊重对方。在给青少年设定规矩与限制时，如果给他们发言权，让他们事先知道应该怎么做，他们往往更乐意遵从。所以，为青少年设定限制的最佳方法，就是让他们也参与到设定限制的过程中来。

无论你和儿子有多么亲密，他都不太可能向你坦露他个人生活中所有的细节。这里且举一例，你儿子来找你，要求与其他几个孩子（包括女孩）一起去朋友家看电影。你当然还记得自己的高中时光，记得初恋是多么令人陶醉。可你也很爱你的儿子，甘愿冒着惹恼他的风险也要跟他提要求，以确保他不会陷入潜在的危险之中。

在你同意他出门去玩之前，先跟他一起商榷拟出一份协议来，明明白白地写下所有的条款（与儿子签订书面协议将大大减少以后发生误会的可能性）。内容可以是这样的：

1. 你儿子同意把他要去的那个朋友家的电话号码告诉你，以便你与那家的父母联系。你同意只要那家的父母能有一人会一直在家，你儿子就可以去玩。

2. 你儿子必须在晚上 11 点之前回家。你儿子可能会一再要求你把时间推后一些（而且对你翻了好多个白眼，叹了很多次气），但你一定要坚守不退。不过，你不妨跟他讲讲条件，说如果这一次他表现很好，那么下一次你可以考虑把时间再推迟一些。

3. 你儿子不能在没有打电话知会你的情况下离开那个朋友家。如果他没跟你打招呼就去了其他地方，那么接下来的两个星期你将取消他出去玩的资格。

你和儿子签署了这份协议之后，剩下的就是遵守。如果你儿子的确遵守了你们达成的协议，他自然赢得了你的信任，也许还赢得了他未来更多的权限。即使他未能遵守协议，你也无须喊叫或说教，只管坚持做好你该遵守的那部分。两个星期之后，你们可以再签订新的协议，重新给你儿子机会去尝试能否做得更好。

随着你儿子年龄渐长并越加成熟，他自然会想要更多的自由。你可以早早与他一起坐下来，以相互尊重的态度，就未来的日子里你们双方会怎么做达成一致。通过让他参与这个协商过程，你也就把如何针对未来做出良好判断和计划的技能教给了他；而通过以尊重对方也尊重自己的态度来贯彻落实你们的协议，你就是在帮助他培养良好的诚信度与责任感。

你无法阻止儿子犯错误或是做出错误的选择,但你可以在他犯错时维护好你们之间的感情联结,让他能接受你的帮助,并从错误中吸取教训。要保持冷静,用心倾听,把犯错误当作你们共同学习的好时机。

用心倾听

倾听是你的"育儿工具箱"中最为重要的技能之一。这是你向儿子表明你支持他、关心他的重要方式,无论孩子的年龄有多大,倾听都有助于你们强化亲子感情联结。倾听是一个比较棘手的概念,因为当你倾听之时,你实际上正在做什么并不是一眼就能看得明明白白的。用心倾听,或者说认真倾听,指的是你在整个倾听过程中给予了对方你全部的注意力。

与青少年交谈时,全神贯注地倾听尤为重要,因为青少年的情绪比较容易波动,稍微有点什么不满就会对父母拒之千里。如果你儿子正在告诉你一些事情,不论他说的是什么,你的用心倾听都会给予他莫大的帮助。你在倾听孩子说话时,不要提建议,也不要谈论你自己(除非孩子要求你说说)。就那么简简单单地听着就好。有时这会是你能给予孩子的最好支持。

放下手头的工作,全心倾听

在一天的生活当中,我们常常不得不同时处理好多件事情。毕竟，你有许多的任务和职责在身，让你不得不培养出这种一心多用的本领来。尽管这是你必须同时完成多项任务的常见方式，但是，一心多用会分散你的注意力，稀释你的精力，而且降低你的专注质量。事实上，频频一心多用会给你的工作和社交互动都造成不良影响，因为你不得不同时关注好几件事情。

有时，你儿子想跟你聊一聊，告诉你些事情，可是，你手上还有其他事需要赶紧完成。如果你知道自己无法现在就给予孩子所需的关注，请把你的想法向他表达清楚："哎呀，我的朋友，我恨不能现在就跟你说说话、听听你的故事。可是，我需要先做完这几件事才能专心听你讲话。来，咱俩先抱一下，然后你去做你自己的事；等我忙完了手上这些事，我就可以好好听你说话了。这样你觉得好不好？"

为了避免你的一心多用使你和儿子之间出现隔阂（也为了给孩子树立好的榜样，让他在自己的生活中也能展示出你希望的专注度和参与度），请一定要保证你回到家中之后会用心倾听每个家人的话。这意味着你要排除一切干扰，给予讲话者（尤其是你儿子）你全部的关注力，眼睛对着眼睛地与他交流。许多人认为自己在听别人讲话时是很用心的，但事实上情况并非如此。研究表明，实际上人们往往只能记住所听到内容的 25% 到 50%。

不要错过关心孩子的机会

即使你已经放下了手中的事情，眼睛盯着你正在说话的儿子，你也要不时自省一下：我的心思在哪里？是在孩子所说的话语上，还是仍在计划、安排、回忆、预测或是担心旁的什么？我们很容易只听得进对方一半的话，尤其在孩子说话时更会如此。

你孩子所说的事情并不总能与你的日常成人生活相关。认真倾听的真正意义，并不是你突然关心起他或者他的朋友今天在学校里遇到的这样或那样的事情，而是你真正关心你的儿子，所以他才会愿意告诉你他那天经历过的好笑的、奇怪的、有趣的各种事情。

确实，孩子的话题不可能都是能让你感兴趣的，这种互动的关键之处在于你儿子愿意与你分享他的快乐、好奇和兴趣所在。他愿意与你互动，他想跟你分享他生活中的一部分事情，而跟你聊天就是这种分享的最佳方式。请不要错过这样的珍贵时光，即使眼下的话题本身让你毫无兴趣。你也许会惊讶地发现，当你真的用心倾听孩子正在谈论的任何事情时，你也对那件事情产生了兴趣。当你真正关心你所爱的人时，你很容易通过他的眼睛看到他所关心的事情，并对那件事情产生更多的兴趣。

如何做到用心倾听

该如何做到用心倾听并在对话中磨炼你的倾听技巧，以下是几条建议：

● **排除干扰并收拢心思**。当周围环境中有干扰声音时，想要用心听取某人在说什么是很困难的。请关掉电视或收音机，停掉你手上正在做的事情，并向孩子明确表示聆听他的话是你现在的首要任务。

- **关注正在说话的人**。当你真正用心倾听时，你的身体会发出许多信号，让对方知道你的注意力正在他身上。眼神交流很重要，这能让对方明白你此时的心思在他身上。肢体语言（例如稍微向说话者倾斜）也能起到同样的作用。言语和非言语的响应（比如点点头，或是"对"或"嗯"这样的简单词语）都能鼓励对方继续往下说。

- **与说话者保持感情联结**。即便谈话的内容你刚开始时并不感兴趣，你也要提醒自己，你是在关心此刻说话的人。要用这种意念引导你关心孩子说话的内容；要在心里告诉自己："孩子，我很在乎你。你要告诉我的话对你来说一定很重要，而且，我很高兴你愿意带我进入你的世界。"

- **以澄清和印证的态度提问**。这是表明你对谈话主题感兴趣的好方法。从不同角度来重复对方的要点，以确保你的理解正确（"等等，如果我没听错的话，你的意思是……"）；在适当的时候提出扩展性的问题，或启发对方从另一个层面来思考（"针对……你是怎么看的呢？"）。

- **用心听，不要打腹稿**。通常，人们会一边听别人说话一边暗中想好了自己要说的话，然后一心等待轮到自己说话的机会。这与用心倾听是完全相反的。虽然你很容易边听边在心里想着你等会儿要怎么应答，但是，请克制住这种冲动，耐心听对方把话说完。

- **守住你自己的心神**。人的思绪是很容易飘走的，而且常常是因为你刚刚听到的什么而飘走了的。如果你发现自己走神了，轻轻地把你的注意力拉回到讲话者身上来就好。

用心倾听指的是你有意识地把孩子放在首位，这是你表达对孩子的爱和支持的一种方式，而你的亲身示范将对你儿子学习如何与家人、朋友和老师交流带来深远的影响。每当你用心倾听孩子说话时，你便是在告诉他你很关心他，你重视他的观点、他的经历和他的想法；也是在告诉他你很珍视他，毕竟他告诉你的都是他自我的延伸，而你认识到了他是在与你分享他的世界。另一方面，你的认真倾听也是你在儿子面前所做出的表率，让他看到予以别人全心的关注意味着什么。这对你们俩来说都是一种很宝贵的体验，因为这意味着你们把感情联结放在了最重要的位置上。

应对青春期的常见问题

当你儿子长到了十几岁的时候，他的世界似乎变得宽广了许多，也可怕了许多。很多家长都记得儿子 16 岁那一年第一次抓过车钥匙，咧嘴一笑走出门去的那一刻。你突然很清楚地意识到，你再也无法控制住自己的儿子了，也再不可能把他护在怀里或帮他摆脱麻烦了。

与其把心思花在如何控制儿子的选择和行为上（而这其实是根本做不到的事情），不如认真思索你要怎么引导他，你希望他对自己、对你和他周围的世界都会有什么样的感受、想法和决定。每当你们面对一个新出现的问题时，都可以将此看作一次学习的好机会，引导孩子跟你一起动脑筋，设立限制并达成协议。

不幸的是，说教和命令对青春期的少年来说通常是无效的，因为他们已经很擅长抓字眼，并挑起与成年人的权力斗争。你与其跟儿子斗嘴皮子，不如直接采取行动。对少年人来说，非语言的信号，比如说你看看手表或是但笑不语，往往比你冗长的训话更能有效。

你的价值观和你对孩子的期望，并不会与其他父母完全相同。关键之处在于你一定要了解你的儿子，对他需要掌握些什么才能成长为一个有能力、负责任的年轻人有所认识。如何将正面管教技巧用于十几岁的少年人，如何应对青春期的常见问题，下面的一些想法可供你参考。

晚归限制

你儿子晚上究竟该什么时间回家，这其实没有标准答案。找一个你们俩都平静的时候，坐下来和他聊聊，说说你的期望，也说说他的打算。你儿子这时有多少岁了？你们生活的社区对少年人有宵禁法规吗？你对他的朋友有多少了解？手机监控是没用的，少年人可以很轻易地隐藏他们的实际位置。不论你喜欢与否，你都只能承认，现在想要完全掌控儿子的行踪是不可能的。所以，你不妨坦率地告诉儿子你的担忧所在，并跟他共同商定合理的晚归限制。你们还应该事先约定好万一他未能按时归家会有什么行为后果。在敲定协议之前，还需再次确认一遍你们是否真打算按这份协议执行下去。

学习驾驶

美国大多数州的法律规定是，少年人在年满15岁半之后可以获得学习许可证，并且可以在成年人的陪伴下驾驶汽车。不过，有些州正在考虑提高少年人获得驾驶执照的年龄。你应该首先弄清楚你所在社区的确切要求，而且还应该事先与你儿子就相关事宜商定协议，比如说，他可以驾驶哪辆汽车，由谁来支付他的保险费、汽油费、维护费和修理费，如果他被警察开了罚单该怎么办，以及你是否会允许他开车带朋友出去，天黑后他是否也可以开车，等等。将你们的协议以书面形式写出来，并让你儿子签上字。在他学习并掌握汽车驾驶这项重要的成人技能时，你们将不止一次地需要参考这份协议。

约会女友

大多数男孩刚开始跟女友约会时往往会是一群朋友一起出去玩,但是,到了某个时候,你儿子可能开始特别想跟某一个女孩单独相处。然而,控制儿子对女友的偏好或是他跟女友相处的一举一动,是你绝对做不到的事情。所以,你应该秉着相互尊重的态度,与儿子坐下来好好谈一谈,说说你自己对交友、爱情乃至性的价值观。他可能并不同意你的观点,但你还是要就你对男女约会的看法与他沟通,这一点十分重要。你要尽力维护好与儿子的牢固感情联结,尽量做到在他需要你的时候能站到他的身边。如果你儿子更喜欢与他父亲或其他亲近的男性长辈谈论他的女友,可不太愿意跟作为母亲的你说,请不必为此感到惊讶,更不必为此感到难过。

权力对正努力追求独立人格的青少年来说极其重要。少年人和父母经常陷入争夺权力的战争之中,做父母的坚持,做孩子的反抗。如果你儿子试图将你拉入权力之战,请有尊严地退出来,继续遵照你们预先制订好的协议行事,或是在你做出反应之前先给自己一点时间,好好冷静下来。

学校生活

虽然许多男孩在高中成绩不错并乐于学习,但还有更多的高中男孩,宁愿做任何其他事情,也不愿坐在课堂上或被困在作业上。由于毕业之后该走向哪里的决定已经迫在眉睫,高中生活可能成为青少年和父母争夺权力的最大舞台。向学校里的工作人员了解你儿子的学业状况是应该的，但是请记住，完成课业是你儿子的责任，不是你的责任。大多数青春期少年都憎恶来自父母的过度干涉或控制，有些人甚至拒绝写作业或故意考不及格，以此向父母证明"你强迫不了我"。最好的做法通常应该是你定期跟儿子一起坐下来，心平气和地聊聊他的目标和对未来的打算。同时也请你记住，合理安排好日常功课和事务是需要反复练习才能掌握的能力。你儿子也许愿意接受你的指点和帮助，妥善安排好自己的时间，以保证功课、学业和其他任务能顺利进行。

享受跟儿子在一起的时光

面对青春期的孩子，我们都很容易陷入挣扎与担忧之中。你可能会愣愣地看着即将成年的儿子，心里隐隐听到了嘀嗒作响的时钟声。孩子的时间已经不多了，可他要学的东西却还有很多。尽管他的身体仍在不断地发生着变化，尽管你们之间少不了对抗和难堪的时刻，可不管怎么说，他都是你深爱的儿子。

看着儿子不断地尝试些他以前没做过的事情，看着他把以前跟你在一起的时间都花在了他的朋友身上，你难免会感到焦虑。许多青春期男孩会比以往任何时候都需要更多的私人空间，并且在他感到难过或生气的时候缄默不语。你儿子可能会做出一些让你很恼火的事情。他也许会对你撒谎、偷偷溜出家门，或醉醺醺地回到家中。他可能会逃学，或是某项重要的课程考不及格。他也许会趁你去外地出差时撞坏你的新车，或是呼朋唤友来你家里一通胡闹。即便是最乖、最懂事的孩子也有可能犯错误，有时甚至是让你目瞪口呆的错误。

如果你只看得到你儿子的负面行为，那么他的青春期对你们双方来说都不会是好过的日子。所以，你要时刻让自己做有意识的父母，时刻关注你与儿子感情联结的牢固程度。以下是一些参考意见：

● **展现你的好奇心**。青春期少年通常对音乐、政治或社会问题抱有浓厚的兴趣。邀请儿子与你分享他的兴趣所在，讲述他的见解。你的重点在于认真倾听，而不是与他进行辩论。

● **让他知道你就在他身边**。如果你总能让他知道你就在那里，你也许会惊讶地发现他其实会时常坐下来跟你说说话。你也可以考虑定期请孩子出去吃顿午饭，或是留出点时间来跟他一起踢会儿球，或分享他的其他爱好。

● **欣赏你儿子的优点**。即使是最能惹麻烦的少年人也会有优点，只不过你也许需要多花点功夫才找得到。要让你儿子知道你欣赏他的哪些地方，以及你担心他的哪些地方。

青春期的男孩有很多值得你爱的地方。你还应该花些时间照顾好你自己，维护好你与其他成年人的人际关系，保持好你自己的心理平衡。然后，尽量放轻松，把心思放在如何培养孩子的良好品格和技能之上，并尽可能地享受跟儿子在一起的时光。

需要思考的几个要点

青春期，对任何一个孩子来说，都会是一段人生中最容易感到困惑和迷茫的时期，也会给父母和孩子带来很多的挑战。在孩子需要的时候站到他的身边，是你在这段特殊时期能为儿子做的最为重要的一件事情。他也许并不总愿意与你交流，但让他知道如果他愿意的话你就在他身边，这会对他有莫大的帮助。还有，请记住，不要把孩子的一些行为看作故意针对你的，这也十分重要。在这期间你儿子会经历身心两方面的巨大变化，这很容易让他躁动不安。他会一边努力追求独立，一边又害怕自己的独立。你要尽可能多地关心他、理解他，同时也要记得，为了他的健康和安全，你仍需为他设定一些必要的限制。以下是需要思考的几个要点：

- 青春期男孩需要父母积极的、参与的、支持性的、正面管教。
- 大脑发育和激素增长对青春期男孩的行为有着深远的影响。
- 花时间倾听他的声音、为他提供支持，会有助于你青春期中的儿子培养更清晰的自我意识。
- 整个青春期将充满了"学习机会"。不要让那些宝贵的时机从你指缝间溜走。跟儿子分享你自己的人生经历，让他也能从中学到一些经验和教训。

第十一章 培养男孩的品格

在孩子长大成人的过程中，他会不断面临许多的诱惑。在他能够自信地做出决定之前，他必须相信自己是有能力的，笃信他的决定是有意义的，更需要知道他自己是有价值的。一个人的品格，而非他的行为，决定了他会是一个什么样的人。许多父母都相信，若是真正爱自己的孩子，那就应该孩子要什么就给他什么，然后，只要自己认真控制好他的行为，他以后就能成长为一个好人。可是，事实往往并非如此。良好的品格——具备内在的道德约束力，拥有独立思考和行动的能力——绝非来自溺爱或控制，也无法由你直接灌输给孩子。品格必须用心栽培。

品格培养

让你儿子相信他自己是个有能力、有本事的人的重要方式之一，就是教导他生活技能。即使是日常生活中最简单的任务，也能给你儿子提供学习机会，让他知道他也有能力照顾好自己和他人，他也能为家庭生活做出有意义的贡献，他也能影响到他周围的世界。

当你们一起看电影或看电视时，不妨邀请你儿子说一说如果他在类似情况下会怎么做，或是他认为接下来会发生些什么。你可以用"什么"和"怎么"来提问，并听听他的答案。给孩子独立思考的机会，并接纳孩子的想法，是你把自己的价值观传授给孩子的重要途径。

当你儿子还是个蹒跚学步的小宝宝时，你就已经可以开始教导他生活技能了，比如说，在你吸尘的时候让他"帮"你推吸尘器。等他长得更高了、更有力气了，你可以请他帮忙把餐巾摆到桌子上，做沙拉时让他来冲洗生菜，或者东西弄撒了时让他用海绵擦拭干净。请注意，这些工作并不是令他畏惧的家务事，而是你提供给孩子的学习机会，让他也能参与维持整个家庭的顺利运转。

随着你儿子的继续成长，他可以学会做饭、洗衣服、修剪草坪、更换汽车机油。你的态度十分关键：如果你将这些工作都视为传授生活技能的好时机，视为你们可以一起劳动的温馨时光，他就不太可能心生抗拒。到了他需要离开家门的那一天，他就会对自己充满信心，知道他能照顾好自己。

培养品格须以身作则

从你儿子出生的那天起，他就一直在观察你，揣摩他应该在生活中怎么去做。你可能从育儿之初就已经明白，"照我说的去做，而不要照我做的去做"这句老话，在你儿子身上是起不了作用的。不论你喜欢与否，你都会是对你儿子最具影响力的老师，你的一举一动都是他培养品格的第一课堂。你是怎么对待他人的，你在公共场合是怎么做的，以及你最看重的是些什么，他全都会看在眼里。

孩子的洞察力是很敏锐的，尤其是当他面对成年人的虚伪时。你的行为比你的言辞更有力量。你儿子会认为，如果你能那样去做，那么他当然也可以。所以，如果你希望孩子具备某种品格，你就一定要身体力行，尽管这可能很困难，但确是教育孩子的最佳途径。

你也许担心承认自己犯了错误或表现得不够完美可能会有损你在儿子心目中的形象。可实际上，只要你愿意承认自己的错误、能够面对自己的失败，你儿子也就能够做到同样的事情，尽管他需要时间和反复实践。培养孩子良好品格的唯一方式，就是你自己做出好的表率。

以鼓励替代奖励

奖励几乎无处不在。孩子的成绩单上每获得一个优，家长就会奖励孩子一块钱。每一张蹩脚的图画都能得到家长夸张的赞赏，说那是他们见过的最好的画。老师会给表现好的学生分发漂亮贴纸、铅笔，甚至奖励一顿比萨午餐。看到满意的卷子时，老师还会在上面画一个笑脸。

成年人给予孩子奖励当然有充足的理由，他们想借此鼓励孩子的良好行为，而且相信奖励能帮助孩子树立自尊。然而，不幸的是，奖励就像是垃圾食品，稍微吃一点固然不要紧，可吃得太多了就会损害人的健康。

奖励的陷阱

当孩子成功地完成了任务，或是达到了成人的期望时，我们通常会给予孩子奖励。可是，如果孩子已经尽了力，却总是还差了那么一点呢？如果孩子已经觉得唯有得到别人的奖励才能感觉到自己的价值呢？那该怎么办？

1998年美国心理学会的一项研究表明，经常得到奖励的孩子会变得要靠别人的奖励才能获得自我价值感。研究学者发现，这些孩子已经离不开别人的夸奖了，如果遇到不怎么喜欢、不那么赞赏自己的人时，他们就有可能表现出强势对抗。

奖励可能会产生意料之外的不良后果。太多的夸奖并不利于培养孩子的能力、自信或良好品格。

每个孩子都需要鼓励

"鼓励"（encourage）这个词来自古法语，意思是激励或鼓舞人心。当孩子举止得体、获了奖、在学校表现出色时，予以奖励固然顺理成章，可是，当你儿子感到了沮丧、举止不够得体，或在学校里挨了批评时，你又该怎么办？赞赏之词此时是不恰当的，他需要的是鼓励。

唐·丁梅尔博士和鲁道夫·德雷克斯博士在他们的《鼓励儿童学习》[1]一书中写道："每个孩子都需要鼓励，就像植物需要水一样。"（事实上，所有的人都是如此，包括孩子的父母！）你可以告诉儿子

---

[1] 唐·丁梅尔博士（Don Dinkmeyer），1924—2001，著名的心理学家，以其在家长教育和儿童指导领域的工作而闻名于世。

鲁道夫·德雷克斯博士（Rudolf Dreikurs），1897—1972，著名精神病学家、心理学家和教育家，为儿童心理学、儿童行为认知学、儿童教育实用技术的推广都做出了重大贡献。他是"正面管教"理念的鼻祖。

《鼓励儿童学习》（Encouraging Children to Learn），发表于1971年，强调了以鼓励来促进儿童成长发育的重要性，向家长、教育工作者和看护者们就如何有效地鼓励儿童提出了不少建议和策略。

你注意到了他的某个小步骤做得挺好，这就是鼓励了。你不必等到他成功完成整个任务再夸奖他。比如你可以这样说："你今天早上穿衣服时真的很努力。非常好！"哪怕他的裤子穿反了、衬衣的扣子错了位、鞋子穿错了脚，你也一样可以用这句话来鼓励他。对着他的成绩单称赞说："哇！你的成绩单上有四个良。你该为自己感到骄傲！"这当然算是鼓励；可是，若再加上一个"但是"，比如说："但是如果你下次再努力一点，就能得到优了。"那就不再是令人鼓舞的话了。

对于已经习惯于挑毛病、着眼于失败之处的人来说，给予家人鼓励可能是件很困难的事情。我们要养成寻找家人长处的家庭新传统，教导孩子们互相称赞，说谢谢，将关注重心放在什么地方做得好上，而不仅仅是什么地方做错了。更看重别人什么地方做得好，会让家庭中的每个成员都感受到鼓励之意。

什么是鼓励？是你对孩子说："我看到你在努力，对此我很欣赏"，这就叫鼓励。鼓励可以让你儿子不论是否完全满足你的期望都能感受到他的归属感和价值感，可以加固你跟孩子之间的感情联结——这对于男孩的情绪健康至关重要——并帮助他从犯下的错误中吸取教训，鼓起勇气再次尝试。这样的鼓励，是去关注你儿子将来会长成的结果，而不是他现在能（或不能）做到的事情。给予爱的鼓励是正面管教的一项重要技能，也是培养孩子良好品格的有效方式。

培养责任感

养育子女有一条公理,即如果父母承担了太多的责任,孩子就没多少责任可承担了。毕竟,既然你已经把一切都做得这么好了,你儿子还有什么可做的?责任感——面对自己的成与败都能承担责任的能力、能够完成任务以及兑现自己承诺的能力——是最为重要的品格之一。这也是许多父母担心孩子永远也学不到的品格之一。

负责任的父母与不负责任的孩子

你会因为爱而帮儿子写作业,帮他做各种事情。但是,当你把他日常该做的事情都担到了你的肩膀上时,你儿子学到的会是什么呢?你无疑希望他将来能成长为一个有责任感的年轻人,一个满怀自信、信守诺言、值得信赖的年轻人,然而,你若总是为他做得太多,或未能教他学会自己承担责任,那便等于是在"鼓励"他变成一个没有责任感的人。

正面管教,是以培养孩子的良好品格和责任感为宗旨,这样的方式的确可能让你感到很不舒服。毕竟,给你儿子他想要的东西,而不是他需要的东西,通常会容易得多,更何况,你自己去做家务事,无疑比你给儿子留出空间让他去尝试要更有效率。可是你须记得,唯有你多给孩子机会让他去练习,他才有可能学会自己承担责任。以下是我的一些建议:

● **鼓励你儿子为自己做任何他能做的事**。虽然让他去做可能达不到你希望的标准,但是,让他亲自去做,会比让他只看着你做能学到更多的东西。如果你把他从头到脚地服侍周到,他就会指望你能继续这么做下去。

- **不要因为儿子做错了就惩罚他**。要教他学会接纳自己的错误并从中汲取经验。友善而坚定的养育之策，加上以教导为主旨的管束之法，能让你儿子不带恐惧或羞愧地坦承自己的错误。

- **要让你儿子体验他自己的选择所带来的后果**。当你儿子遇到麻烦、做砸了事、懒散怠惰或不肯合作时，你可能很想去"拯救"他（而且觉得这么做更能体现你的爱），但是，这么做会很难促使他培养出责任感和良好品格。

- **事先商量好的协议要坚持到底**。只要你能好好坚持到底，你儿子就能从中学到诚信和负责。要保持友善、坚定和尊重的态度，并按你们预先商定的协议做好你该做的事情。

- **传授解决问题的技巧**。以平静而友善的态度跟孩子一起讨论事情的前因后果，往往能最有效地帮助你儿子弄明白事情为什么会出错，以及他下一次怎么才能得到不同的结果。教你儿子学会如何思考，远比教他按你的思路去想更有价值。

通过家庭会议邀请孩子合作

合作，是能与他人互相配合，为达到共同目标而贡献自己的力量，并在必要时做出退让的一种能力。你与其发命令、提要求、做指示，不如把重心放到邀请儿子与你合作之上。只要你肯倾听他的想法，征求他的建议，并与他一起制订完成任务的合理计划，他就会更有意愿与你合作并做出他的一份贡献。

邀请合作的方式之一是定期举行家庭会议。在会议上，一家人相互给予鼓励和称赞，共同解决出现的问题，共享家庭乐趣（从你儿子满4岁的时候开始，你就可以召开家庭会议并取得成功了）。请注意,切莫让家庭会议变成"批判会"。每次会议的第一步都是相互夸赞在过去的一个星期里每个人做得好的事情。

你可以在家里摆放一张"议程板",任何人任何时候都可以在上面列出下次会议需要讨论的问题,然后你们可以在开会时一起动脑筋寻找可行的解决方案。有了可行方案之后,通常努力达成"一致通过"要比"少数服从多数"效果更好(毕竟,"少数派"很少会愿意再参加家庭会议)。会议的最后一步,可以是一起吃零食、看电影或进行某项家庭活动。全家一起解决问题,可以教孩子们学会共同合作,并让他们感受到归属感和价值感[1]。

培养同情心

如果你去问问成年人,男人和女人谁更有可能感受到和表达出同理心,那么,大多数人都会告诉你,女人更具同理心。事实上,男人也一样可以有很多的同理心、同情心、善良心,他们从生命的一开始就能精准地捕捉到他人的感受。然而,不幸的是,传统文化中关于男人气概和男性应有行为的观念,有时会让男人从小就觉得表现出同情和善良是一种软弱。

培养善良之心

男孩不但需要学会做一个强悍的、坚韧的人,也同样很需要学

---

[1] 请参阅《正面管教》中"家庭会议"一章。召开家庭会议的确是处理家庭矛盾、培养孩子责任感的最好方式,但是,要取得成功,还有许多必须认真思考和筹措的地方。

会做一个温和的、暖心的人。我们这个世界时时处处都在教导男孩子要坚定和坚强，却很少给他们机会学习温暖和友善。所以，你需要让同理心和同情心成为家庭生活的一部分。以下是一些参考意见：

● 坦诚地与你儿子谈论社会、偏见、环境和战争等问题。当然，你要考虑到他的年龄和成熟程度。要允许他形成自己的观点，同时也要有意滋养他的同情心和理想主义情怀。

● 多与你儿子说说别人的感受。当你们一起看电视或新闻报道时，当你注意到身边发生的一些事情时，可以与你儿子多说说别人的感受，以及什么可能让他们更好过一点。

● 做你认为好的事情。你要当着你儿子的面，表现出对他人的慷慨、善良、体贴。你怎么做比你怎么说更有用。

● 让关怀他人成为你家庭生活的一部分。你可以在过节时买些礼物送给有需要的家庭，为环保事业贡献你的一份力量，或者参与当地社区的公益活动。要让关怀他人成为你们家庭日常生活的正常组成部分。

请记住，当你儿子进入男人世界的时候，他的同龄人和社区文化会让他知道什么是男子汉气概的。你会欣慰于在他冷静的外表下仍跳动着一颗善良而仁慈的心。

鼓励诚信

一位智者曾将"诚信"一词定义为这样：即使没有人在一旁看着你，你也要做正确的事。最近的一些研究表明，每一代新人都比上一代对诚实看得更轻一些，而对说谎和偷窃等行为的接受度会更高一些，甚至认为那是取得成功所必需的手段。这些研究还表明，男孩比女孩更有可能对道德抱嗤之以鼻的态度。

约瑟夫森道德研究所[1]会定期对20岁以下青少年的道德行为进行研究。他们在2008年的研究中发现，64%的人会在考试中作弊，42%的人会为了省钱而撒谎，30%的人曾偷过商店里的东西。有些人不认同这类研究的结果，认为"孩子就是孩子"，他们的道德水准会随着年龄的不断增长而逐渐提高。

然而，约瑟夫森道德研究所2009年的研究揭示了一些令人不安的趋势。相比于40岁以上的人，17岁以下的少年人中，认为说谎和作弊是成功必需手段的人是前者的5倍，认为自己可能会欺骗老板的人几乎是前者的4倍，不会归还多找的零钱的人是前者的3倍多。少年人的这些看法与成年后的不诚实行为之间存在着密切的关联。承认在高中考试中作过弊的人，在成年以后的生活中不诚实的可能性比没作过弊的人至少要高两倍。

如果你希望自己的儿子将来成长为一个正直的人，那么，在当前不诚实行为过于普遍的现实面前，你就必须有意识地教导他要有道德底线。这当然不是一件容易的事，但我们这个世界的未来很可能仰赖于你的教育成果。

注重精神生活的发展

学者们在针对健康家庭的众多研究中发现了一个令人惊讶的事

---

[1] 约瑟夫森道德研究所，由迈克尔·约瑟夫森（Michael Josephson）于1987年创办于美国加利福尼亚州洛杉矶市，该研究所以青少年道德行为的研究和教育为使命。

实：在那些生机勃勃、感情牢固、子女健康的家庭中，都会有一种可以称之为精神生活的东西。值得注意的是，精神生活既不等同于宗教，也不是任何特定的信仰体系。真正的精神生活意味着与高于个人层次的精神世界建立联结，并在遭遇困难时从中汲取力量。

最近的研究表明，与家人共进晚餐是预防孩子在成长过程中出现情绪问题和行为问题的最佳方式之一。请每周抽出两到三个晚上，关掉电视，全家一起围坐在餐桌旁，共进晚餐，一边吃一边讨论问题，分享看法。这非常有助于加固一家人之间的感情联结。

随着年龄的增长，孩子通常会生出很多有关精神世界的疑问。他会想要知道人死了之后会去哪里，或者小婴儿会在哪里等待出生。他可能担心自己会死去，或者对一个好人生了病或受到他人伤害感到愤怒。孩子往往都是理想主义者，十几岁的少年人更是如此。他会经常谈论某件事情公平与否。无论他选择了什么目标，比如政治的、社会的、文化的，他都会全力以赴地追求。

如果参加宗教活动已经是你们家庭生活的一部分，那么你就已经有了与儿子讨论这些问题的框架。请注意，随着孩子年龄增长，他可能会质疑你所信仰的原则或要求，毕竟，青少年经常选择对父母来说很重要的问题作为彰显他独立个性的方式，比方说，父母明明并不信神，但他们的儿子却可能信得十分虔诚。总之，你的精神生活和你的理念，将成为你儿子内心世界的奠基石。

表达你们对某个群体、社区或公益事业的关心，经常参与他们的活动，也是追求精神生活的一种途径，比如说，鼓励你儿子去认真思考我们所有人都面临着的一些全球性问题。如此一来，你儿子的精神生活必将更加丰富，而且他的品格也可能会因此得到提升。要认真倾听你儿子的想法（即使你不能认同他的观点），要鼓励他对这类事务的关心。

培养坚韧独立的男子汉

坚韧，是一个人在面对失望、失败或挫折时承受得住，并愿意再次去尝试的一种能力。无论是在商务、体育、政治还是人际关系中，坚韧都是要做成任何一件事所不可或缺的重要品格，而且大多数孩子的坚韧程度都远比父母所想象的要更高。你可能心里已经明白，要保护你儿子不受任何伤害、不遭遇任何挫败，实际上是根本不可能的事情；但你也许还没有意识到，你的过度保护实际上可能会降低他的坚韧程度，而且还会削弱他想去尝试任何新鲜事物的意愿。

托马斯·爱迪生在发明真正可用的灯泡之前，曾经历过无数次的失败。他后来说，每一次失败都让他从中学到了一点东西，并最终促成了他的成功。要培养你儿子的坚韧，那就既不可夸大他的失败，也不可伸手将他从失败中拯救出来；相反，你应该与他一起讨论他能从中汲取些什么。

不论你喜欢与否，你儿子都注定会经历各种挫折、失败和痛苦。请花时间倾听他的想法，表达你对他的感受的理解和同情，然后，把重点放在教导他该如何应对眼前的失败和挫折之上。下次还碰到这样的事情时该怎么办？以后要怎么做或怎么说才能得到不同的结果？

自立与品格

马克·吐温[1]曾说过一句颇为幽默的话："好的判断来自经验，而经验则来自错误的判断。"错误和成功都是学习的好时机，但令人惊讶的是，许多人都能从错误中学到更多的东西。为了提高你儿子的坚韧程度，你须首先为他提供一个以你的接纳和尊重为基础的学习环境，允许他逐渐培养出自己有足够能力的自信心来。你还须以自己的一言一行为他树立同情和诚信的榜样。然后有一天，你会发现他已经成长为一个自立又自信的人，一个具备了良好品格的真正男人。

维护亲子关系的三步法

随着孩子进入青春期，作为父母，你对他的直接控制会越来越少。此时的你还能对他有多大的影响力，是与你们之间亲子关系的牢固程度直接成正比的，所以，你最好能把维护好亲子关系放在首位。

---

[1] 马克·吐温，Mark Twain，1835—1910，美国著名作家、幽默家、散文家、企业家、出版家，被誉为"美国文学之父"。其代表作品有小说《百万英镑》《哈克贝利·费恩历险记》《汤姆·索亚历险记》等。

设定界限

把维护亲子关系放在首位,这并不意味着你就该在你们发生争执或争论时退缩,或是放任孩子为所欲为。相反,该表达你的意见时一定要清晰地表达出来,只不过你的表达方式会与孩子还小时很不一样。对他发号施令肯定不会再有用了,所以你必须营造一个宽松的环境,让他能有意愿与你沟通,和你一起思考解决问题的办法。

无论你为你家年轻人设定了什么样的界限或规则,都必须预先商定好他未能遵守时的行为后果并贯彻到底。若允许他不必承受相应的行为后果,那么,这不但会有损你作为父母的地位,而且等于变相地告诉孩子他可以为所欲为。

正念反省

在养育青少年的过程中,父母面对的最大挑战之一,是必须退后几步,让孩子自己更多地承担起生活中的各种责任,去解决各种问题。这很可能让父母倍感压力,因为这意味着你会不得不常常眼睁睁地看着孩子吃亏倒霉。

少年郎的父母很容易对孩子的未来感到担心。因此,在跟你儿子交谈之前,不妨先来一番自我正念反省,看看你是因为什么而感到担忧和恐惧。正念反省的具体做法可以分成以下几个步骤:

1. 首先,确定让你对孩子感到担忧的具体事情。
2. 然后,确认你是因为看到了什么才产生了这样的担忧。为什么那件事情引起了你的注意？你又为什么会对此感到担忧？你尤其要想清楚的是，发生在你孩子身上的这件事情，跟你自己在生活中遇到过的事情是否有任何关联。如果孩子眼前的遭遇跟你过去曾经的遭遇有些相像，你会很容易把自己代入其中并为之感到忧虑。

3. 接着，努力去设想事情接下来会怎么具体发展下去。你害怕的究竟是什么？

4. 现在，静下心来，仔细体会一下你的这些想法和感觉，并有意识地专注于你的呼吸。尽量把它当作一段故事。你不必试图无视它或是否认它，只是将它放在更恰当的背景下去理解。当你想透彻之后，深呼吸几下，你就能调整好自己的心态了。

这番正念反省的目的，不是为了摒除你可能有的任何担忧或恐惧，而是更恰当地梳理好你自身的状态，这样一来，当孩子需要你的时候，你才有能力从容地站在他的身边。如果你被自己对孩子的担忧及恐惧所困扰而忍不住胡思乱想的话，那么，但凡你想帮孩子点什么，你的任何尝试都会被你自己这种情绪的阴云所笼罩。你对孩子说的话会被你的这些恐惧所左右，你要采取的行动也会是以你自己的恐惧为出发点，而并非真的是孩子正在面对的事情。而正念反省能帮助你摆脱自己的内心困扰，在孩子需要你的任何时候你都能真正帮助到他。

用心倾听

对少年郎的父母来说，真正地做到倾听孩子的声音也许会是件很困难的事情。你若是跟他说话，也许很多时候都会觉得茫然无措。少年郎说话时，语速往往非常快，跨度可能非常大，涉及的人也会相当多，要弄清每个人之间的关系十分困难，更何况，你儿子的话里还很可能会夹杂一些俚语或他和朋友之间的"黑话"，所以，你怎么能不蒙？假如你试图向孩子提供解决问题的方案，也许你还不得不承受他沮丧情绪的爆发，他甚至可能会迁怒到你身上，你又怎么能不蒙？因此，为了真正做到当孩子需要你时你就能站在他身边，你必须平常多和他一起练习用心倾听之术，而且还要在倾听他的话时把你自己的情绪从中剥离开来。

做有意识的父母的要素之一，就是在倾听孩子的话时给予他你全部的关注。要停下你手上的任何其他事情，并用你的肢体语言为他营造出一个能让他安心的分享空间。当他开始说话时，你要用心听取他所说的内容，并关注他的表达方式。你可能无法跟上他话中涉及的角色阵容，也可能很难跟上事情的具体过程，但是，这些都只是细节。请记住，这种互动中最为重要的部分，就是你在那里倾听。

你的认真倾听可以让孩子有机会发泄出他的情绪并自己去思考事情的前因后果。不要打断他，鼓励他尽量往下说。要克制住你想给他提建议的冲动，除非他明确要求你。这种倾听的目的是让你做他的"回音壁"，让他能表达出自己的某种感受，并在他的头脑中自己去做些分析。他会因此弄明白他需要怎么做，这可能包括也可能不包括询问你的意见。无论他问还是不问，你在场都是对他自己解决问题的最好支持。

需要思考的几个要点

孩子的良好品格的确是可以培养出来的。能做出正确且道德的选择的这份能力，是可以通过责任感和生活技能的日常训练、通过你的一再亲身表率而培养出来的。这当然不会是一个轻松舒适的过程，但是，培养儿子的良好品格，是你能给予他的最好礼物之一。以下是你在养育儿子的过程中需要思考的几个要点：

● 不论是养育男孩还是养育女孩，你的亲身表率都是最有成效的教育手段之一。孩子会通过观察你的一言一行来逐渐塑造他自己的品格，因此，请记住，在你所有的日常互动中，但凡是你希望孩子以后能养成的品格，你都一定要亲自做出好的榜样来。

● 鼓励和奖励是非常不同的。鼓励所表达的是你对儿子所付出的努力的赞赏，而且无论他的尝试是否成功。这会对他以后成长为一个什么样的人产生强有力的影响。

● 要鼓励你儿子自己去尝试，并认真履行他自己做出的承诺。如果你希望他能学会为自己的行为承担责任，你就必须给他自己去承担责任的机会。

第十二章 如何应对有害行为

不论你喜欢与否，吸毒、酗酒和其他有害行为在现代社会中都已经相当普遍，说不定什么时候你儿子就可能会有所接触。作为一个有意识的家长，你应该怎么做呢？虽然你事实上是控制不了孩子会怎么去选择的，但是，你绝对可以把你所掌握的最佳信息和你对此的理解告诉他。你可以向他讲解相关问题的性质、所涉及的危害，以及他该如何确保自身的安全。

对酒精保持警惕

由于青少年前额皮质尚未完全发育成熟，无法像成年人一样地控制住自己的冲动，因此，他们更有可能因为一时的冲动或是朋友的带动而做出不该做的事情。加之这个年龄段的大脑很善于学习并能很快形成新的习惯和模式，所以青少年成瘾的风险比成年人要高得多。而且，他们对归属感的渴望，以及向成年人展示"你强迫不了我"的内在需要，更使得饮酒和吸毒对他们极具吸引力。

许多青少年（以及年龄更小的男孩子）饮酒的根本原因与他们的父母相同：心里有压力或焦虑（少年人总是少不了烦恼），而饮酒可以让他们放松下来。

不幸的是，酒精并不能提高人的判断力和解决问题的能力，相反，男孩因喝了酒而受伤或招惹麻烦的可能性却大大增加。一些统计数据显示，在法定饮酒年龄较低的国家，饮酒对青少年的吸引力也相对较低，所以青少年饮酒的比例也相对较低。但是，美国的法律禁止21岁以下的人饮酒，饮酒反而成了青少年寻开心、解愁绪，乃至向父母昭示"独立"的一种方式。

男孩的成年仪式

可悲的是，男孩常常把"能喝酒了"视为他的一种成年仪式。能喝酒、玩派对的就是酷男，而不会的则是"呆瓜"和"傻瓜"。少年人探索和尝试的自然冲动遇上了伙伴们的怂恿，再加上宿醉的故事——呕吐、蟹行、昏睡——听起来既有趣又令人钦佩，都有可能让人抵挡不了饮酒和吸毒的诱惑。在这样的派对之夜过后，少年人常常会这么感叹："老天，我简直醉死掉了！"或者"我都不敢相信我成了那样！"

男孩常常很享受酒精引起的眩晕所带来的"强大"感觉。而且，他想与朋友（尤其是女孩）建立感情联结，并发现了在一起喝酒更容易做到这一点。一个人在喝醉了之后，通常更容易诚实地说出他的恐惧等感受，不过等他清醒了时，他就会把事情抛到脑后。

许多父母对青春期中的儿子是否会吸毒和酗酒的恐惧超过了任何其他危险因素。事实上，危险是实实在在的：青少年因酒后驾车、吸毒过量而死去，或是在酒精或毒品的影响下发生了无保护的性行为，这样的事情实在是屡见不鲜。他们还可能会因非法购买或持有这类东西而被警方追究，给自己和家人带来麻烦。

不论你喜欢与否，大多数男孩都会在青春期的某个时刻去尝试烟草、酒精等。少年人往往觉得自己是铁打的，很少担心酒精之类可能造成的危害。偶尔的尝试并不意味着孩子一定就会陷入其中不可自拔，但是，父母对此保持警醒的确是应该的。

做个好榜样

你现在已经明白，尽管你很想好好控制住你儿子，但这根本就是做不到的事情。你只能好好控制住你自己，并从小培养他良好的判断力和自我约束力。你可能很担心他是否会沾染上酒精和毒品，毕竟你自己年轻时就曾尝试过，所以，你很不希望自己的儿子重蹈你当年的覆辙。你也可能不喜欢他的朋友，并且很担心他们会给他带来不良影响。然而，无论你的本心是多么善意，只要你试图限制你儿子的出行、交友或他的活动，便有可能导致亲子之间的权力斗争和矛盾冲突。

你要把心思放在你控制得住的事情上。比如说，留心你自己饮酒的数量、次数，以及原因。你是你儿子的首要榜样，如果你喝酒是为了舒缓内心的压力，那就等于在告诉你儿子，饮酒是解决问题的一种可行之法。如果你的家人曾有过酗酒或吸毒的历史，不妨与你儿子谈谈这些往事，并让他知道他可能面临的危害。有些专家认为，人的基因会在我们对酒精的代谢和反应中发挥重要的作用。

耶鲁大学 2000 年的一项研究发现，富裕社区的孩子沉溺烟酒的比例相对更高。那里的孩子更容易感受到来自父母的压力，比如要求他们取得更好的成绩，进入更好的大学，因此，他们更需要以这样的途径来缓解焦虑。在许多富裕社区，喜欢吸烟或喝酒的男孩在同龄人群体中是最有人望的。

要反思你对儿子的期望是否恰当，你对他的要求会不会太高，他对你的批评、高标准以及你对他的失望都有什么样的反应。请记住，孩子长久的沉默、与你的疏远，或无法解释的行为变化，都可能是有了问题的征兆。所以，要多关注你们之间的亲子关系，关注你与儿子的感情联结是否牢固。

进行一次开诚布公的探讨

很多家长在孩子的整个成长过程中始终都在回避谈论有害行为的话题。"为什么要提那些话题呢？"他们表示，"我不希望我的话会反而让他想到了那些事情。反正他也从来没有惹出过那些麻烦。"然而，回避问题并不能让问题消失。即使你儿子的确没有尝试过酒精或大麻，他也肯定有已经尝试过的朋友，而且他们肯定愿意向他提供这些东西。

摆明自己的立场

也许你不知道该从哪里入手跟儿子讨论酗酒的问题，但你一定要这么去做。你儿子可能会因此感到尴尬或愤怒，他可能认为你是在指责他有了不当行为。但是，跟孩子谈谈绝对是利大于弊的事情。

这样的话题其实越早开始谈越好。等你儿子长到了知道什么是喝酒、抽烟时，这样的话题就已经可以开始谈了。狠狠地警告他或者吓唬他并不妥当，你只需让他知道你对这些事情的想法和感受即可。你对此的态度必须从开始到后来始终保持一致，而且清晰明了。你儿子一定会在意你的看法，尽管他并不一定会承认这一点。

另外，一定要让你儿子知道，如果他触犯了法律，你不会去"救"他。你一定要明白告诉儿子，如果他选择了违反法律，那么他必须为他自己的行为承担后果。你爱他、鼓励他、支持他，但在他犯了错时你不会去替他承担责任。

了解他的观点

要做有意识的父母，你就必须投入精力去了解情况，保持警醒。要尽可能多了解你儿子的朋友及其家人——当然，目的不是监视，而是给所有的孩子营造出一个充满关爱的社区氛围。与孩子的学校和他参加的团队保持顺畅沟通也很有必要。许多少年人的派对都是在放学后进行的，因为此时父母都正在上班，家里空无一人。

要鼓励孩子明辨自己的情绪，并将其表达出来。如果儿子可以跟你谈论他的感受、恐惧和需求，他就不太可能还需要用毒品和酒精来掩盖自己的情绪。你固然不能"让"你儿子说话，但可以让他知道你愿意倾听。

要多留心你儿子的行为，了解他的心思和想法。他对饮酒和吸毒是怎么看的，你知道吗？他会怎么看待发生在他周围的事情？只要你能始终保持冷静，别说教，在孩子需要的时候站到他身边，那么，你可能会惊讶地发现，儿子其实有多么愿意与你谈论毒品和酒精。

请记住，如果你已经开始疑心儿子有酒瘾或毒瘾的问题，你应该毫不犹豫地为他乃至你整个家庭寻求专业人士的帮助。你可能因此一时被儿子怨恨，但是，此举有可能救你儿子一命。

说说你的过去

如果你的儿子现在已经十几岁了，那么你很可能也是在一个毒品和酒精随处可见的时代中长大的。许多做父母的都有过自己年轻时开派对的回忆，比如偷偷从父母身边溜过，或是曾经陷入过的几次大麻烦。你现在可能已经知道与儿子建立牢固、坦诚的亲子关系有多么重要，可是，如果他希望这种关系是双向坦诚的话，你该怎么办呢？如果你儿子问及你自己年轻时是怎么做到的，你该怎么回答呢？你必须做好心理准备。

即使是最称职的家长也会害怕自己在孩子的眼中显现出任何的不完美。你儿子想要爱他的父母，尊重他的父母，而作为父母的你当然也想要得到儿子的钦佩和尊重。让自己从完美的神坛上跌落下来可能是件很困难的事情，但是，坦诚地说出自己当年的真实经历，坦率地接纳当年的自己，很可能是让你与儿子能心灵相通的绝佳途径。

与其美化你的过去，不如花点时间思考一下，你希望儿子能从你的过去学到些什么。对于年轻人的派对和饮酒等问题，你希望他会怎么去看待、怎么去选择？如果你儿子问及你的过去（大多数男孩最终都会这么问的），你不妨坦诚地跟他说说你自己的经历、感受和想法，以及最重要的，你从中汲取到了些什么——或者反之，你当时没能领悟到的是什么。请记住，真正的管教是你的认真教导，坦诚的交谈有时可以是最为有效的管教。跟孩子推心置腹，实际上会强化你们之间的感情联结。

明确关心的限度

作为父母，在养儿育女的过程中感到担忧和恐惧肯定是少不了的事情。夜已经深了，家里毫无声息，你却不能完全确定儿子在哪里，此时，你也许会忍不住想去他的房间里找找线索。但是，如果你真的找到了些什么呢？接下来会发生什么？

易碎的纽带

大多数男孩（尤其是青春期少年）把自己的卧房视为他们的私人领地。他们非常看重自己的隐私，一旦发现焦虑的家长竟然打开过他们的抽屉或翻检过他们的书包，他们会感到非常愤怒。有些家长认为，自己的目的是保护儿子，所以，查看儿子的日记、短信、电子邮件，搜查他的抽屉、壁橱什么的都是应该的，自己甚至有权窃听他谈话、安装隐匿摄像头。但是，做孩子的却很少这么认为。

父母与孩子之间的信任需要很多年的努力才能建立起来，这包括了多年的用心倾听、推心置腹的交流，以及共同解决问题的经历。可是，这种信任很容易受到损害，而且破坏者并不一定是孩子。

找到你儿子的私人物品可能会让他下次不再把东西藏到同一个地方，但是，那绝不会有利于改善他的行为以及你们的亲子关系。最好的做法是，每当你儿子回家时你都认真关注他的一举一动，而且让他知道你很关心他。

是的，你当然应该了解你儿子的一举一动。如果有更多的家长能对自己的孩子多些关注，青少年犯罪率一定能大大减少。但是，最好的关注始于孩子还很小的时候，始于你们从那时就建立起来的相互信任和相互尊重。真正的感情联结常常可以让你通过一句简单的问话就知道了孩子在做些什么。当孩子相信父母真的愿意倾听他的声音、能跟他一起解决问题时，他就会愿意跟你说实话，甚至，从喝酒到偷钱的各种事情上，他都愿意寻求你的帮助。

如果你怀疑出了问题

如果你真的很了解你儿子，那么你就能知道什么时候该怀疑他是否出了问题。原因不明的缺课，莫名其妙地少了东西或钱，不合常理的怪异行为，睡眠习惯或饮食习惯的突然改变，都可能是示警信号。通常来说，明智的做法是你以冷静和尊重的态度直接问你儿子，并且让他明白你这么问不是为了找碴，而是你很关心他的健康与安全，你很想帮助他。

但是，如果你儿子拒绝与你交谈，你也许会认为除了搜查他的私人物品之外别无选择。如果你真的找到了一些不该有的东西，你同样应该直接告诉儿子你做了什么，以及你为什么要那么做。然后，把你的关注重点放到寻找解决问题的办法之上，做你能做到的一切。这时，你一定要把你对儿子的爱和关心清晰地传递给他。

如果没有充分的理由，你最好不要偷偷搜查。要尊重孩子的隐私，就如同你希望他能尊重你的隐私一样。如果你多花些心思去倾听、去理解，跟孩子保持牢固的感情联结，你很可能会发现自己完全没有必要去窥探什么。

如何应对吸烟

与酒精、大麻和其他毒品的危害相比，吸烟似乎是无害的，甚至根本不算个事。然而，统计数据却很是令人震撼。香烟、无烟烟草和其他流行烟草产品（例如丁香香烟）都有很高的危险性，会导致对尼古丁上瘾、患病，以及对健康的长期严重损害。男孩开始吸烟的原因不止一种。他们可能觉得做这种事情看起来很帅气、很有男人味，毕竟，许多名人似乎都喜欢这类东西。

对青少年而言，烟草的获取无疑要容易得多。大约25%的美国高中生吸烟，而那些能从父母那里偷到、从兄长或者朋友那里"借"到烟草产品的男孩，通常都很乐意把自己得到的"好东西"分享给别人。

根据美国有线电视新闻网（CNN）和梅奥诊所（Mayo Clinic）在2009年的一份研究报告，对一部分人来说，尼古丁的成瘾性与海洛因不相上下。尼古丁可以增强大脑中一些与愉悦、放松和抑制食欲有关的化学物质的释放量。开始定期吸烟的青春期男孩，通常会在首次吸烟后的半年之内就表现出对尼古丁的依赖症状。三分之二的青少年吸烟者都有过至少一次戒烟失败的经历。

吸烟还可以让一个笨拙、瘦弱的少年人觉得自己更加成熟、更有男子汉气概。烟草公司时常会赞助举办牛仔赛或是汽车赛，让人觉得吸烟似乎是正常行为，是可以被大众所接受的。许多家长自己就是吸烟的人。事实上，父母吸烟的男孩比父母不吸烟的男孩更有可能染上吸烟的毛病。

吸烟既不帅气，也非无害。尼古丁非常容易上瘾，据一些专家估计，每三个吸烟者中就会有一个死于与烟草产品相关的疾病。16岁之前开始吸烟的人更容易成为终身吸烟者。另外，吸烟和学习成绩下降以及最终沾染酒精和毒品之间似乎也存在着关联性。

如果你儿子决定了要去尝试烟草产品，你一味阻止是起不了作用的。但是，你可以影响他要怎么去决定。以下是我的一些建议：

● **跟你儿子谈谈烟草**。与日常生活中你们会遇到的许多其他事情一样，把你知道的有关吸烟危害的信息分享给你儿子也很重要。要明确向孩子表示你不希望他吸烟。

● **如果你自己吸烟，最好能戒掉**。对你儿子来说，你的实际行动将比你单薄的言辞要有用得多。

● **限制你儿子接触烟草的渠道**。如果你选择继续吸烟，请不要给你儿子香烟，也不要将香烟放在他容易找到的地方。不要在你家里吸烟，也不要允许你儿子在家里吸烟。

● **向你儿子展示吸烟现在对他的不良影响**。有关癌症、疾病和死亡的说教，对青少年来说不会有多大作用——他们可是铁打的，还记得吗？所以，你可以指出吸烟在眼下对他的影响，比如，香烟的价格（以及他可以用这笔钱来买些什么别的）、吸烟造成的臭味、咳嗽，以及对女孩的影响。

塞缪尔·约翰逊[1]曾经说过："习惯在形成之初会因为太弱而不易被觉察，可等到被觉察时往往已经太强而不易被打破了。"在你儿子从初中到高中的成长过程中，他一定会接触到与吸烟、饮酒以及毒品有关的事情，但是，你可以帮助他做出更明智的抉择。你要尽力为他树立好的榜样，要经常与他谈论他可能面临的危害。最重要的是，你一定要多花时间跟他在一起。当你儿子能感受到他在这个家庭中的归属感和价值感时，他就不太可能再去其他地方寻找。

需要思考的几个要点

在我们这个人世间，本章所述的有害行为实在太过普遍，若想让你儿子完全将其避开是不可能的。但你可以跟他推心置腹地交谈，表达你对这些事情的感受，并以你自身的行为给孩子树立如何应对这类事情的榜样。以下是需要思考的几个要点：

---

[1] 塞缪尔·约翰逊（Samuel Johnson），1709—1784，英国著名作家，18世纪伦敦文学和知识界的杰出人物，对英国文学和语言做出了重大贡献。其中最有影响力的作品应该是他编撰的《英语词典》（A Dictionary of the English Language）。该词典出版于1755年，在后来的一个多世纪中一直是英语使用者的标准参考书。

- 许多男孩选择这些有害行为的根本原因,其实与成年人是一样的(为了逃避,或是自我安慰)。然而,由于青少年的大脑尚未完全发育成熟,他们更容易成瘾并过度沉溺其中。

- 虽然你无法控制你儿子,但你可以通过自身表率和鼓励支持来影响他的选择。

- 开诚布公地交谈,包括向孩子坦承你自己的过去,会有助于解决孩子的问题。不要害怕向儿子诚实地讲述你过去的错误或遗憾。他会欣赏你的坦诚与信任,并有可能从你过去的教训中学到些东西。

- 隐私对大多数男孩来说都十分重要,你在决定该如何与他沟通时需要认真考虑这一事实。虽然暗中窥探你儿子似乎简便易行,但是,它造成的信任破裂可能是你再也无法修复如初的。

第十三章

如何应对性行为

当孩子进入了青春期之后，他的四肢快速伸展，肌肉越发厚实，声音变得低沉，新的毛发开始出现。少年人开始体验到成年男子都会感受到的所有压力、欲望和焦虑。大多数男孩向往性体验，只不过，他可能既渴望它又害怕它。男孩希望自己在朋友面前能显得成熟而有男人气概，可他也渴望真正的爱和感情联结。一个青春期中的少年人，无论他有多么成熟，要找到这其中的平衡点总归非常困难。所以，你一定要在孩子这段艰难岁月里与他保持牢固的感情联结，确保他能拥有做出明智且安全的抉择所需要的信息。

性行为的出现

男孩心底对青春期和性存有许多的疑问，但愿意张口问出来的却没有多少。对许多这个阶段的男孩来说，他们从小知道的关于女孩和女人的知识，与他现在的同龄人和社会文化想要灌输给他的性知识之间，存在着非常明显的差异。你儿子也许会尊重也很爱他的母亲，爱他的姐妹（好吧，大多数时候），但是，他也感受到越来越大的、要证明他有男人气概的压力，而性行为似乎是证明他已经成了"真男人"的一种方式。

不论你喜欢与否，许多青少年（包括男孩和女孩）在青春期的早期就已经开始了与性有关的行为。少年人往往更倾向于接受同龄人的看法，因此对待性的态度可能与他们的父母截然不同。比如说，他往往同时跟多个异性交往，而且将性行为视为一种成年仪式，甚至一种有趣的社交活动，而不是将其视为一种终生承诺。在今天的青少年的世界里，爱和性不一定会是同时存在的。

有句谚语说得颇有道理：女孩用性来获得爱和感情，男孩则用爱和感情来获得性。出于想要在性方面证明自己"很有男人气概"的压力，即便是一个最温和的男孩也可能以粗鲁或其他不尊重的方式对待女孩。所以，你要教导你儿子，他有欲望是正常的，但尊重和友善是必不可少的。

如何开展性教育

你应该从一开始就明白，如果你不教导你儿子有关他的身体、性别和性功能等等的知识，他的朋友们会非常乐意取代你的位置——而且很可能并不真正知道他们在说些什么。性不仅仅涉及生理上的行为，还涉及情绪、感情、品格以及道德观的表达。你儿子从小就会对自己的身体以及各个部位的功能感到好奇。

简单呈现事实

在美国的广告和大众文化中，性可谓无处不在。不论是兜售啤酒还是推销汽车都少不了色情，甚至黄金时段的电视节目里也充满了色情暗示。尽管如此，美国人（包括为人父母者）对性却出奇地拘谨。如果你能对自己的身体和性生活感到自在，那么在教导你儿子的时候就会容易得多。

最好使用正确的术语来描述身体的各个部位及其功能，并在你讲述的过程中保持平静和放松。你儿子需要知道性行为是正常而且健康的，你清晰而平静的指称和表述能让你更好地做到这一点。虽然使用"宝宝语"在稚童期是可以接受的，但随着儿子年龄的增长，你最好使用诸如"阴茎"或"乳房"这样的正确术语。

多达四分之一的男孩遭受过性骚扰，这一点常常令家长们倍感惊讶。要明确告诉你儿子，别人是否能够以及能怎么触摸他的身体，都必须是由他自己来决定的事情；只有父母以及医生（而且必须有父母在场）才可以触摸他的私处；如果有人让他感到不舒服了，他应该直接加以拒绝，并告知父母。

当孩子长到开始询问与性相关的问题的年龄时，通常来说他就已经成熟到可以了解性知识了。在回答儿子的问题时，你只需提供最简单的答案，同时不要让自己显得尴尬。比如说，假如你儿子指着一个女人的乳房问那是什么，你可以告诉他，那是女人的乳房，是用来喂养婴儿的。你甚至可以给他看一张他小时候吃奶的照片，这样他就更容易理解了。请记住，你儿子这时候还不需要知道有关性的所有令你浑身别扭的细节。简简单单地回答就好，等到他更加成熟了，你再多说些即可。

开始你们的谈话

你可能还记得当初你自己的母亲或父亲坐下来跟你"谈话"的那一天，只不过，那样的做法如今早已过时了。性在现代生活中是如此普遍，因此，越早开始与儿子谈论有关性的知识，通常效果越好。大多数男孩在10岁或11岁时就开始了青春期的发育，各种激素也开始改变他的大脑和身体。请记住，男孩可能会感受到想要了解有关性的一切的巨大压力（或者说，至少比同龄的女孩要大得多）。

对性感到好奇是正常的。大多数男孩在青春期初期的某个时候都会自己去找一本《花花公子》来看，《体育画报》的泳装特刊也行。当男孩发育成熟时，自慰和遗精（也被称为"梦遗"）也是正常的，但孩子可能不太愿意跟你谈论这些事。也许由你来挑起话头会容易一些，比如说，当你儿子进入了青春期之时，你可以主动告诉他一些他可能经历的变化和可能感受到的冲动。（即使是母亲也可以跟儿子谈论这样的话题。你儿子可能会感到有点尴尬，但他会很感激你提供的这些信息。）

要尽早并经常与儿子说说夫妻之间的感情，这一点非常重要，尤其是做父亲的要承担起这个责任。如果你希望儿子将来能成长为一个能够享受到夫妻相互关爱、有予也有得的快乐性生活的男人，那么，你给孩子树立对妻子尊重友善、与她相亲相爱的好榜样，无疑是至关重要的事情。你对女性的态度，你对待性的态度，都必须是你愿意你儿子效仿的；你对孩子母亲的一言一行都必须以尊重为本，即使你们已经分手了也一样。

做好开展性教育的准备

如今，大多数的学校都设有详细的性教育课程。你儿子会从这样的课程中学到一些相关知识，比如性器官的构造、什么是避孕套，以及各种与性相关的疾病传播等。但不幸的是，大多数青少年不知道该怎么将课堂上的知识应用到现实世界中的性行为当中去。你儿子所掌握的有关性健康和性安全的信息仍然不足，而你仍然是他最好的老师。

请认真思考你希望儿子能学到哪些性知识，怎么做才能最好地保护他。在你开始跟儿子交谈之前，请做好两种准备：一是对孩子随时支持，再就是不对孩子的话感到吃惊。你对性的态度很重要。如果孩子知道你不但愿意与他交谈，而且你很放松，很随和，那么他就更有可能愿意向你提问。你一定要让儿子知道，你随时随地愿意对他伸出援手，哪怕他犯了错误也一样。

当你和儿子谈论有关性的事情时，记得也还须说说饮酒和吸烟。许多青少年是在醉醺醺或飘飘然的时候发生的性行为，而且没有任何防护措施。要确认你儿子真的知道某些疯狂的行为会影响他做出正确决定的能力。

为了准备好你与儿子的讨论，你最好能自己先弄明白与性有关的器官构造。许多男孩进入青春期后经历了性冲动，但从没人告诉他之后会发生什么。与性有关的器官构造和相关功能的准确信息会对你儿子有很大的帮助。（如果你实在做不到自己开口跟孩子谈论这方面的问题，你可以请一位值得信赖的男性亲戚帮忙，或者找些好的相关书籍或网站提供给孩子。要让你儿子知道，他看过之后有问题可以来找你。）

随着少年人的年龄增长，他们会越来越不太愿意跟父母谈论与性相关的话题。一项研究发现，超过半数的15岁孩子表示，他们很少或从不与父母谈论有关性的话题，而12—13岁的孩子与父母谈论性话题的频率就高了很多。所以，要趁着你儿子还小的时候，而且还肯听你说话的时候，早些开始和他谈论有关性的话题。

你还一定要与你儿子谈谈跟怀孕和节育相关的问题。大多数男孩对女性器官构造知之甚少，而且很多男孩认为女孩在第一次跟人发生性行为时是不会怀孕的。一定要让你儿子明白仅仅是使用避孕套并不足以起到完备的节育作用。如果他还没有成熟到能与性交伙伴讨论节育问题的程度，那么他就还没有成熟到能跟对方发生性行为的程度。

即使你觉得儿子可能不会同意你的观点，也要与他分享你的道德观和价值观。如果你认为性行为只应属于婚姻，请务必从一开始就向你儿子传授这种观念。你还应该有意愿与儿子谈论边缘性行为，毕竟那些行为在青少年中越来越普遍（而且他们通常不认为那是"真正的性行为"）。不过，你也需要现实一些。即使有着坚定信念的男孩也可能选择婚前发生性行为，而且许多人在出了问题时因害怕而不敢告诉父母。道德教育与性教育并不相互排斥，你一定要在教育儿子时双管齐下。

性活动的萌芽

你读到这里可能已经觉得头晕目眩，尤其是如果你眼下就有一个还没有进入青春期的儿子的话。你可能希望他在大学毕业之前根本不会想到"性"这个词，但显然你的愿望是不太可能实现的。大多数男孩早在高中毕业之前就已经尝试过某种形式的性活动，从亲热到性交。

从玩伴到侣伴

男孩小的时候，女孩只不过是玩伴。等男孩到了五六岁时，他通常开始意识到女孩跟自己是不同的，从此玩耍和做事都更喜欢只跟和自己相同性别的玩伴一起。随着青春期的临近，情况会再次发生变化。只不过，有些男孩小学还没毕业就开始对女孩感兴趣，还有些男孩则要等到相当长一段时间之后才表现出对女孩的兴趣，这里并没有什么"标准"年龄。

不论是偏早还是偏迟，男孩最终会发现性活动让人感觉很好，而女孩可能会是其中的重要部分。有趣的是，许多男孩从童年期到青春期都一直会有关系亲密的女孩朋友，他们能轻易地将爱情与友情区分开来。当男孩从性的角度对女孩开始感兴趣时，父母常常会意识不到。

你最好能时不时地与儿子沟通一下，看看他在这个过程中已经发育到了哪一步。你也最好思考一下什么时候你能不觉别扭地看着儿子去跟女孩约会、接吻、牵手，乃至进行更多的性活动，能与他开诚布公地谈论"亲热"。

永远不要小看你儿子在坠入爱河（或分手）时的感受。他固然还未成年，但他的感情是真诚的，值得你的尊重。如果你儿子和你谈论他的这种感情，你要鼓励他相信自己的感受，以诚实和尊重的态度做出他认为恰当的决定。

父母扮演的角色

随着孩子日渐成熟并建立起越来越多的新的人际关系，你在他生活中所扮演的角色也会逐渐改变。尤其是做母亲的更容易因为儿子的日益独立和对隐私的渴望而感到难过。虽然有些男孩会把女朋友带回家，但也有些男孩更愿意向家人保密，不肯公开自己的恋情。这并不意味着他们正在做一些被禁止的事情。

你最好不要在与女孩交往的事情上向你儿子施加压力。你可以对此感兴趣并保持警醒，但仍要给儿子留出空间，让他自己去摸索他的人生之路。如果他对约会不感兴趣，你当然不必强迫他；如果他显得太感兴趣，你可能需要跟他一起坐下来，设定一些合理的限制。如果可以的话，你应花时间见见他的女朋友（及其父母），这么做会让你们每个人都感觉更加放松。鼓励儿子在你家里招待他的朋友，也是让你能对他感到更放心的一个途径。

时刻维护与儿子的感情联结

尽管当今社会对待 LGBTQ[①] 的人可能比以往任何时候都更加宽

[①] "LGBTQ" 是缩写词，代表女同性恋（Lesbian）、男同性恋（Gay）、双性恋（Bisexual）、跨性别者（Transgender）和质疑者（Questioning，质疑自己的性别）。这是一个包容性术语，用于代表一个由性取向或性别认同有异于传统观念的个体所组成的一个多元化群体。

容，但是，这样的人，在被他人所接受以及拥有与普通人一样的爱情、家庭和权力方面，仍然面临着一场艰苦的战斗。根据威廉·波拉克博士[①]的说法，5% 到 10% 的男性（来自各种宗教、种族和民族背景）会在青春期或刚成年时意识到自己是同性恋。

尽管有些群体仍抱持着他们自己的坚定信念，但现有的诸多研究告诉我们，男孩不会故意选择成为同性恋，就如同他们不会故意选择成为异性恋一样。性取向的形成是一个很复杂的过程，其中包括了在胎儿时期就对其大脑产生影响的性激素。

许多男孩（以及女孩）在成长过程中都尝试过同性感情和异性感情，唯有时间才能让男孩逐渐了解自己真正的性取向。对性、性别和爱情感到好奇是孩子在成长过程中的正常现象。你无法选择你儿子的性取向，你只能耐心等待他逐渐弄明白自己的性别和性取向，并接纳他本来的样子。

许多同性恋男孩因为对自身的羞耻和同龄人的孤立而倍感痛苦。大量研究表明，同性恋少年滥用药物和罹患抑郁症的比例比异性恋孩子更高，近三分之一的同性恋少年曾试图自杀。你的接纳与支持对你儿子的身心健康至关重要。如果你儿子是个同性恋者，请先自我教育，以诚实的态度调整好自己的内心，并继续保持与儿子的感情联结。

[①] William Pollack，著名的临床心理学家和作家，请参阅第六章的相关译者注。

你可能对同性恋有强烈的反感。你可能会对儿子是个同性恋者到无比震惊。你甚至可能责怪自己。然而，你是如何养育孩子的与孩子的性取向没有什么关系。对同卵双胞胎的研究以及许多其他研究都表明，男孩之所以会成为同性恋只是因为他自己的选择，这与强势的母亲、缺席的父亲和你的教养方式全都没有关系。

毋庸置疑，同性恋男孩和异性恋少年人一样离不开归属感和价值感。事实上，他们通常更需要父母无条件的爱与接纳。大多数家有同性恋儿子的父母都发现，在自己能真心实意地接纳自家儿子之前，他们必须率先调整好自己对同性恋的看法，梳理好自己的情绪。

帮孩子认识到同性恋与传统的男子汉气概的观念并没有什么冲突是很明智的做法。同性恋少年和异性恋少年一样，也可以是颇有天赋的运动员，也可以有广泛的兴趣和能力。同性恋男孩也和异性恋男孩一样，必须对自己要成为什么样的人、树立什么样的世界观做出他自己的决定，并发展自己的喜好和优势。他同样需要你的爱和支持。

如果你儿子是同性恋，而你很难接受这一点，那么，请从你们的社区资源中寻求帮助。比如，你可以寻找针对同性恋青少年及其家人的支持小组，这些团体可以帮助你和你儿子感到安全与自信。如果你或是你儿子怀疑他有同性恋倾向，请找一位口碑很好的治疗师来帮助你们调整心态、进行自我教育并且互相支持。

向长大了的儿子表达你的爱意

随着孩子逐渐成熟，你可能会发现自己在不断地调整着你与儿子之间的距离感和身体接触的新界限。当他的身体和心理成熟到一定程度时，做母亲的尤其需要做出一些调整。不止一个母亲在遇到刚洗完澡的儿子时会惊讶于他体貌的变化。做父亲的也一样需要不断调整与儿子的相处模式，只不过这种调整会更容易一些，毕竟他自己也是那么一步步成长过来的。

无论是做母亲的还是做父亲的，都必须学会随着儿子的成长不断调整与他身体接触的界限。随着他不断长大，他可能仍然喜欢你帮他挠背，拥抱也仍然是表达爱的绝佳方式，然而，他也很可能需要更大一些的个人空间，比你已经习惯了的要大得多。

许多做母亲的都注意到自家儿子在进入青春期之后会表现出一些偏于粗鲁的、令人不快的行为。刚刚意识到性特征的男孩需要稍微拉远一些与母亲过于亲密的距离。随着少年人越来越适应了自己的性特征，他自会逐渐恢复与母亲的亲密关系和感情联结。

如果儿子开始躲避你的拥抱、亲吻或其他身体接触，不要把这当作针对你的不喜。男孩需要时间来适应他变化中的身体、新出现的欲望和感受，以及身心各方面的其他变化。许多男孩发现他曾经很享受的与母亲的亲密身体接触现在让他感到不舒服了。毕竟，母亲归根结底是个"女孩"。

要有意识地去觉察你儿子正在经历着的成长，给他留出足够的时间和空间，让他去适应从少年到成年的转变。最好的做法通常是由他来设定你们之间身体接触的界限，并由他来主动亲近你，虽然你仍然可以主动问他："给我一个拥抱好不好？"随着儿子不断长大，你一定能学会将你们之间的关系转变为成年人之间的平等关系。在你的鼓励和理解下，你儿子也一定能学会以健康的、充满爱的方式维护好他的感情关系。

需要思考的几个要点

对男孩和他的父母来说，朝向"性觉醒"的转变可能是一段崎岖坎坷的旅程。这个健康的转变过程中可能会出现很多尴尬，而且是父母和孩子保持亲近和感情联结最为困难的时期之一。以下是需要思考的几个要点：

- 每个男孩成熟的速度会各不相同。
- 你应该从儿子还很小的时候起就以符合他年龄的尺度与他谈论与性相关的话题。如果你不这样做，那么等到他进入青春期时，他很可能对自己身体的变化毫无准备并为之感到十分别扭。
- 你对待性、婚姻和伴侣的态度，都会对你儿子的价值观产生深远的影响。如同在你育儿的其他任何方面一样，做好亲身表率是你能为儿子做的最有价值的事情之一。如果他看到你愿意诚实地讨论性问题，他也会倾向于这样做。
- 如果你儿子是同性恋，那么你对他的理解和接纳很是重要。同性恋少年所面临的压力和挑战通常要比异性恋少年多很多，因此格外需要来自父母的接纳，需要你爱他如他所是。
- 持续的沟通和支持对于你儿子的成长至关重要。你与儿子在身体接触方面的亲密度可能会发生变化，他会希望你少一些表达爱意的肢体动作，但是，他仍然需要知道并感受到你对他的爱。

第十四章 培养男孩的责任感

每个家庭对何为责任感的定义都各有不同，毕竟这取决于家长所持有的价值观。然而，每个家庭培养孩子责任感的方式却都是一样的，那就是通过自身树立榜样和长期的悉心教导。你儿子需要有相应的生活技能和自信心来支撑他自己，做出他的各种抉择，并最终成长为枝繁叶茂的大树。你必须为成长中的儿子提供充足的"装备"，让他能从容踏上寻找成功与幸福的人生之路。养育男孩是一个漫长的过程，你的终极目标是他将来的成年生活能充满幸福、人生意义和富有成就。

教授必要的生活技能

你会很难忍住替幼小的孩子做事情，而且，由你来做也通常更容易些。毕竟，小男孩往往会留下一大堆的乱七八糟的残局，忙碌的父母难免因此觉得由自己来做反而省事得多。可是，当你不再能为他做饭、给他钱财、帮他找回丢失的棒球手套时，他又该怎么办呢？除非你打算邀请你儿子无限期地住在你家里，否则的话，他一定需要学会承担作为一个成年人应负的责任。

从身边的小事做起

你可能还记得,一个人的自信——对自己有价值有能力的笃信——来源于他所掌握了的各种生活技能。你儿子不会在高中毕业的那一天忽然奇迹般地懂得该如何照顾自己,他的责任教育应该从他幼年迈出第一步时就已经开始。不消说,那么年幼的宝宝当然没有多大能力做多少事,但你可以通过日常生活中的一桩桩小事教导他学习宝贵的生活技能。这个学习过程的美妙之处,就在于年幼的孩子会认为帮你做事本身就很有趣!

让儿子参与家务劳动并不意味着对他的苛责或过高要求。你的态度十分重要:如果你相信你正在做的是教导儿子宝贵的生活技能,那么他也就更有可能相信这一点。当你教导他做自己的事情并赋予他适合其年龄的责任时,你所表现出来的就是爱与担当。

教导孩子、让他跟你一起做事,也是一种亲子交流、相互分享和感情联结的美好方式。以下是在你儿子还小的时候就可以教给他的一些生活技能:

● 当他2—3岁的时候:他可以自己脱衣服、脱鞋袜、吃饭、冲洗蔬菜、收拾玩具、往餐桌上摆放餐巾和餐具、把脏了的衣服放进洗衣篮里。

● 当他4岁的时候:他可以刷牙、挑选自己的衣服、穿衣服、穿鞋、从壶里倒水喝、用海绵清理溅洒的液体、分拣洗好的衣物、把折叠好的衣服收进衣橱里、往宠物的食盘里投放食物。

● 当他5岁的时候：他可以梳头、装午餐盒、用微波炉做简单饭菜、用刀切奶酪或水果、用花生酱和果冻做三明治、折叠洗好的衣服、在商店帮忙挑选东西、帮你用吸尘器清洁地毯。

● 当他6—10岁的时候：他可以遛狗、除草或种花、操作洗衣机和烘干机、整理床铺、帮助准备饭菜、使用并清理洗碗机。年长的男孩可能愿意承担送报纸、洗车或修剪草坪之类的工作来赚钱。

当然，只有你肯花时间教导他并为他提供充足的练习机会，他才能学会做这些事情。请记住，你对孩子的要求须与他的年龄与能力相契合。把工作当成开心的游戏也没关系，劳动中的快乐可以抵消其中让人不快的成分。重要的是你必须营造出一个良好的学习氛围，鼓励他去学去练远比要求他做到"完美"要好得多。

年龄更大责任也更大

随着你儿子逐渐成熟，他应该在生活中承担起越来越多的相关责任。不过，请记住，他年龄再大也仍然只是个初学者，他肯定会犯错误，但是如果你能保持冷静和理解的态度，他就能从错误中汲取宝贵的经验。

上学之后的男孩可以而且应该承担起按时完成家庭作业（你可以帮忙，但他只有通过自己完成作业才能学到东西）、保管好自己的运动器材或其他物品、照顾好自己的日常生活等责任。你们可以一起制作一份日常作息表，以帮助他记住哪些事情必须在什么时候做好。要教给他尽可能多的技能，然后，退后几步，适时给他一两个提醒，让他从自己的选择和经历中去汲取经验。尽管犯错误是很痛苦的事情，但许多人从错误中学到的东西要远比从成功中学到的要更多。

平衡家务劳动与零花钱的关系

在引发家庭矛盾的诸多原因中，家务劳动和零花钱总是名列前茅。你可能认为儿子应该帮忙做些家务，你也可能理解他需要一些自己的零花钱，尤其是当他年岁渐长并且愈加独立之后。你应该因为他帮忙做了家务而付给他钱吗？若是应该，付多少合适呢？若是不应该，你又该怎么给他零花钱并期待他的合作呢？

家务劳动之战

家务劳动不仅仅是你期望儿子完成的工作（一边做一边少不了哼唧和各种埋怨），家务劳动还是让你儿子知道自己也能为家庭做贡献、帮助他人，并明了自己拥有着有价值的能力和技能的好时机。家务劳动亦有助于他培养提前做好计划、努力坚持下去、合理安排时间的能力。当然了，就在你试图"让"他做他该做的各种事情的时候，家务劳动还能变成一场权力之战。

完成家务可能是你心目中十分重要的事情，但你儿子可能不太同意你的这一看法。有哪个正常的10岁孩子会宁愿在家里打扫房间，也不愿到外面去跟朋友一起玩呢？要引导你儿子认识到帮忙做家务是身为家庭成员的职责之一，然后带着他一起制订任务安排。

当你儿子长到了可以定期帮忙做家务的年龄时，最好能以家庭会议的形式来商定每个人应该承担的责任。要从简单的小事情开始，毕竟，在你和你儿子都尚未感到压力沉重时，孩子更容易与你合作。会上还一定要规定好每项任务应该完成的具体时间。你们可以创建一个家务劳动列表或其他系统，帮助你儿子记得他何时应该完成什么事情，但是，最好避免给小贴纸、奖金或其他奖励方式（稍后会有更详细的讲解）。

你可能会发现，当你儿子在决定家务分派和时间安排上能有发言权时，他会更乐意与你合作，这正是家庭会议如此有效的原因所在。你儿子可能讨厌抹桌子，但也许会愿意用吸尘器吸尘、用除草机修剪草坪。全家一起制订计划（并不时回顾一下）有助于避免不必要的家庭争执。做家务是让孩子知道自己有多大能力的一种切实有效的方式。

零花钱

我们做家长的都喜欢钱，都希望自己能拥有更多的钱，所以当你发现自家孩子也喜欢钱时，大可不必感到惊讶。即使是很小的孩子也应该学习如何明智地使用和管理自己的钱财。许多父母都会给孩子零花钱，但这笔零花钱的背后通常还有很多的附加条件。

比如说，你儿子可能必须在规定好的时间之内，完美地完成所有家务才能获得他的零花钱（然后导致关于家务完成的质量和时间是否"正确"的激烈争执）。或者，他的学习成绩必须满足你要求的分数线。又或许，他一举一动都必须保持恭谨的态度、必须每天按时练习钢琴。总之，父母会制订各种复杂的规章制度，将孩子的零花钱与他在学校或家里的表现相挂钩。可这样的规定常常使孩子因不堪忍受而崩溃。

你儿子需要知道，正因为他是家庭的一员，所以有些事情是他必须做的。这就是所谓的为家庭做贡献。而因孩子做了家务就付钱给他，有时会让他以为自己但凡有所付出就应得到物质奖励，因此，得到奖励，而不是学习生活中必要的技能和态度，成了他做事情时的关注点。

以下是一些处理家务和零花钱的建议，能促进合作、责任和尊重：

● 为你儿子提供适合其年龄的零花钱。要慎重考虑你给出的金额——你要做的是培养他的责任感，而不是出钱帮他养成打电子游戏的习惯。每周定期给他零花钱，而且不要附加任何的条件。

● 不要允许他预支下一周的零花钱。如果他需要更多的钱来购买某样东西，请借机教导他如何节省以便将每周的零花钱积攒起来，最终达到攒够钱去买东西的目的。

● 让你儿子自己决定该如何支配他的钱。你当然应该花时间教他如何储蓄、开支乃至捐赠，但最好的学习是允许他通过自己的体验吸取教训。（你可以通过"什么"和"如果"的设问句来帮助他，比如说："如果你把钱存起来而不是花掉，那会有什么结果？"）

● 将家务劳动与零花钱完全剥离开来。你儿子需要承担家务劳动是因为他是这个家庭的一员，而你给他零花钱是因为他需要有自己的花销。当然了，你们可以利用家庭会议来商讨有关家务事和零花钱的具体管理措施。

● 如果你儿子在钱财管理上做出了错误的选择，请不要出手"挽救"。你不应此时额外给他一笔钱，而应帮助他制订解决问题的具体方案，比如说，承担额外的工作去挣钱来支付他所欠下的债务，例如帮人照看小孩或打扫庭院。请记住，你儿子从中学到的技能比他想要得到的玩具更为重要。

你需要时不时地与儿子坐下来聊聊，以确保你们关于家务劳动和零花钱的协议是你们双方都认可的。你儿子可能从来就不喜欢做家务，但他可以通过家务劳动学到重要的生活技能。

培养理财能力

当你家小男孩口袋里有了钱时，那钱很可能会把他的口袋烧出一个洞。游戏机在等着他去租，糖果和玩具在等着他去买，还有有趣的小玩意在等着他去收集。你儿子可能刚刚得到几枚钢镚就立即求人开车送他去商店。毋庸置疑，你年幼的儿子还不知道该怎么管理钱财。事实上，如今许多成年人也一样不善理财，信用卡债务已经达到历史最高水平，而退休储蓄则处于历史最低水平。管理钱财并不是一种与生俱来的技能，而且，正如孩子的任何行为都有其背后的原因一样，你儿子对待钱财的方式也不会例外。

在试错中成长

管理钱财和预算收支的能力往往是通过反复的尝试和犯错（尤其是后者）来逐渐掌握的。我们谁不曾有过哪怕一次乱花钱之后的悔恨，或是需要用钱时却发现信用卡已经告危的窘迫呢？

友善而坚定

日常生活中教导儿子钱财管理知识的机会比比皆是。去杂货店、订购校服或谈论上大学等，都可以引导他学习做预算、定开支。孩子不会天生就懂得钱是从哪里来的以及挣钱有多不容易。毕竟，他能看到的是父母去自动柜员机前一站就能拿到一摞的钞票——钱想必是伸手即来的东西!

当你儿子足够大时,带他去银行以他的名义开设一个储蓄账户。你可以把储蓄卡交给他,让他自己找个地方放好。如果你儿子收到了生日礼物或具有其他特殊意义的钱财,他可以自己决定是否将部分或全部款项存入他的账户。

教你儿子学习如何明智地管理钱财的最好方式之一,就是你的亲身表率。你不妨多跟他聊聊有关储蓄、收支、现金卡、信用卡的事情。要帮助他理解"想要"和"需要"之间的区别,以及如何为这两者制订筹款计划。虽然你不应要求他来做重大的财务决定,但你可以帮助他了解你的家庭是如何管理钱财的。

请注意,许多信用卡公司会把目标瞄准高中生和大学生,打着"帮助你家孩子建立良好信用"的名义,向他们提供低额度的信用卡账户。年轻人很容易超出信用额度,造成背负无法偿还的高额债务。所以,要教导你儿子警惕信用卡的所谓"优惠",让他理解在信贷中潜藏着的危险。

延迟满足

我们都生活在"快餐文化"中,大多数人都喜欢在我们想要什么的时候就能得到那样东西。溺爱孩子所造成的潜在危害之一,就是他在成长过程中养成了想要什么就能立即得到什么的习惯,而一旦他的愿望没能及时实现,他就会非常生气。你儿子未来的公司老板、大学教授、训练教官，以及他的爱侣却很可能不会像你一样慷慨。

在你冲出门去给儿子买最新最酷的玩具或名牌衣装之前，请先想一想你这么做会让他学到些什么。在他以后的生活中，会有很多需要他赚钱、存钱、耐心等待的时候，也有他需要明白什么叫知足常乐的时候。所以，现在就教他学会为自己想要的东西付出自己的一份努力是很重要的。

许多孩子不懂得爱护自己的财物，只因为得来得太轻易，觉得不必珍惜。然而，牢固的家庭感情纽带，归根结底，比任何钱财物品都更有价值，但是，这必须是你用实际行动才能在孩子心中建立起来的一个概念。假如你儿子弄坏了或丢失了某样东西，你需要让他知道，那并不意味着世界末日来了，但是，他必须贡献他的一份力量做出弥补。此时，你要保持友善而坚定的态度，你关注的重点是他能因此学到承担责任和感恩之心。

在打工中学习

大多数男孩在年满16岁之后都会选择去找一份工作。新的汽车、约会女友、时尚服装，都少不了花钱，而且一份工作也辛苦不到哪里去吧？打工是男孩学习承担责任、掌握现实生活所需技能以及妥善管理钱财的宝贵途径。不过话说回来，打工也会占用做功课、参加体育运动以及其他重要活动的时间。你儿子要成熟到什么程度就能胜任一份工作了呢？

在你儿子即将进入成人世界时，你须教导他道德行为的价值。如今，不道德的行为随处可见：搞歪门邪道的公司、手段卑劣的政治事件、为提高比赛成绩而服用药物，这些事情，可能会让人觉得诚实、负责、讲原则都已经不再重要，重要的是能否取得"成功"。你希望儿子在进入职场和成人生活之后要秉承什么样的道德观念，你就必须把那些东西都预先传授给他，并亲自为他树立好的榜样。

大多数雇主都不会雇用未满16岁的孩子，而且不少人要求雇工持有正当驾驶执照。虽然有些雇主会限制青少年的工作时间以确保他能在学校里保持良好成绩，但也有些雇主会更愿意用最低工资来赚取青少年的长时工作和周末加班。是否要出去打工应该是你和儿子共同决定的事情。要让你儿子知道你更在意的是哪些事情，比如说，你可能要求他必须把学习成绩保持在一定的水平之上才同意他外出打工。

你还应该跟儿子商讨他赚到的钱应该用在什么地方。他是可以全都花掉还是应该存起来一部分，以备以后上大学之用或是给自己买一辆车？要确保他仍能有时间参加他喜欢的活动、得到充足的睡眠（青少年需要每晚有9—10个小时睡眠），以及与朋友和家人共享时光。你儿子也许需要你的帮助来掌握好满足雇主、老师和家庭等各方要求的平衡。

外出打工有助于你儿子懂得要准时上班、遵守指令、做事尽力。

要创造机会定期与他一起聊聊工作上的一些技巧、他学到了些什么，以及如何使他的工作成为健康而成功的人生当中的一部分。

礼仪和尊重

如果你跟一群年轻人在一起待过一段不短的时间，你可能会注意到他们的行为和举止跟你年轻时相比已经出现了不少的变化。比如说，他们说话时的言辞比当初的你粗鲁了许多；虽然仍有些少年人友善亦有礼，可也有一些少年人不再像以前的你那般尊重长辈。成年人经常说以前的自己从来不敢像今天的孩子那样行事，不过，话又说回来，时代毕竟不同了，不是吗？

尊重的价值

无论是在家里、在学校还是在工作场所，良好的人际关系都必须建立在相互理解和相互尊重的基础上。在一个完美的世界里，孩子们很容易学会相互尊重，因为他们每天都会看到父母、师长为他们树立的好榜样。也就是说，如果父亲和母亲都能尊重对方、尊重自己，也尊重孩子，那么，孩子自然会学着做同样的事情。但实际上，尊重现在已经成了一种"稀有商品"。正如我们必须教导孩子良好品格和人生态度一样，"尊重"也是你必须认真传授给儿子的品德之一。

许多吸引儿童和青少年的音乐片和娱乐片里都充满了不尊重的因素。家庭肥皂剧和漫画片中的小孩语出不敬时，人人都会哄堂大笑，于是，现实生活中的孩子会鹦鹉学舌，同样会在说话时语出不敬，这没什么好奇怪的。话虽如此，尊重仍是我们生活中非常有价值的良好品德。尤其当你儿子长大成人，必须走出家门与其他成年人打交道时，要想走出一条独立且成功的人生之路，懂得何为尊重就显得尤为重要。

你须确保尊重是你们家庭生活中的基本组成部分。要经常跟你儿子聊聊尊重二字，并确保他有很多机会看到你在实际行动中表露出来的尊重之意。只要你时时处处都能贯彻"尊重"二字，你儿子自然也就能学到更多。

礼仪和脏话

当小小的孩子能礼貌地说出"请""谢谢""对不起"时，大多数父母都会为之自豪和开心。可是，随着学龄前岁月的流逝，孩子似乎在扔掉尿布的同时也扔掉了礼貌，父母就有些高兴不起来了。如果你认为礼貌很重要，请务必继续在家里为孩子做好表率，并坚持礼貌教育。要不要言谈举止都符合礼仪固然是由你儿子自己决定的事情，但他更容易照着你的一举一动所示范给他的去做。

说脏话，对男孩的父母来说，有时是一个严峻的挑战，尤其当孩子进入了青春期之后。少年郎经常将吐脏字骂脏话与其他有危害的行为一样看作表现男子汉气概的标志。当他说出那个由4个字母组成的单词①时，他会觉得自己体现出了男人的成熟和气概。你不妨这么对儿子说，你知道他跟朋友在一起时难免会跟着他们说些脏话，

---

① 相当于中国人"国骂"中发音 Cào 的那个字眼。

但你不希望他当着你的面说出那样的字眼，更不希望他当着老师或其他成年人的面那么说话。当然，如果你自己能做到从不口吐脏字，这一课你教授起来会更容易一些。

在实践中鼓励自立

要做到放手是很难的。可是，做父母的你不仅必须自己适时退到一边，为儿子开辟他自己的人生之路留出适当的空间，而且还必须相信你那还十分年轻、技能生涩的男孩能够自己走出家门，走向成人世界，并做出正确的选择和决定。犯错误肯定是不可避免的现实，但父母不应该为了避免心爱的儿子犯错误而守在他身边太久、为他付出太多努力。

你的工作是做有意识的父母，早早为儿子将来离开你独自生活做好准备。自立而自信的独立能力，只有通过真实生活中的反复演练才能获得。唯有你放手让儿子去多加练习，他才能学会靠自己的双脚牢牢站立。如果你在他还十分年幼的时候起就多多给他机会学习和练习，他就能在更加安全的环境中，在可能的危害性变得太大之前，掌握自立能力。

这里有一条"新闻快讯"，也许你想要听一听：你的儿子，无论多么优秀、多么可爱、多么有才华，都不会是完美的。不过这不要紧，他只需要做到"足够好"就可以了——他的人际关系、他的工作以及他解决问题的能力，只要能达到"足够好"的水平就可以了。

只要你与儿子之间的感情联结能保持坚固，只要你能适时给予他鼓励和教导，并让他知道你相信他有能力管理好自己的生活，你儿子就会有勇气去面对新的挑战——工作、人际关系、大学，以及未来的任何其他方面的挑战。你要多花些时间对他说："我对你有信心，相信你能成功"，这句话对一个刚刚开始走向独立人生的男孩来说，有着可以改变世界的力量。

在你们一起度过的这十几年的岁月里，你儿子有时需要你及时介入并提供帮助，有时又需要你退后几步不去干涉。当你儿子走出家门步入成人世界之时，你应该松开手让他走，因为你知道他有足够的能力，去学习去成长，并走向成功。

需要思考的几个要点

作为一名有意识的父母，教导儿子如何生存下去并茁壮成长是你最为重要的责任之一。以下是需要思考的几个要点：

- 让你儿子从小参与家务劳动，这有助于你培养他的自信，并指导他掌握生活技能。
- 家务劳动和零花钱的衡量尺度都应该符合他的年龄，而且，这是不可搅和到一起的两个主题。
- 若想在你儿子身上培养出尊重的品德，你就必须以自己的实际行动为他树立尊重的榜样。
- 尽管要做到放手可能很困难，但是，开辟他自己的人生之路，找到他自己的兴趣所在，是你儿子成长道路上的重要过程之一。

第十五章 单亲和重组家庭的养育要点

一位智者曾经说过，家庭是由彼此相爱的人组成的一个小群体。无论你的家与长久以来的传统家庭模式有何不同，你都可以确保你儿子始终拥有一个充满爱的、感情联结十分牢固的家。离婚或再婚对你儿子来说固然是很痛苦的事情，但帮助他渡过难关的最佳方法之一，就是鼓励他识别自己的情绪并把它表述出来。当他向你诉说他的情绪时，你要通通予以接纳，但也要尽量避免将其转化成你的情绪，或认为是那是专门针对你的情绪。在非传统家庭中，不论是家长还是孩子，都可以而且能够好好地生活下去。

离婚对男孩的影响

离婚对家庭中的每个人来说都是一种严重损失。你会感到伤痛，你儿子也一样。但你仍然可以用心维护你与他之间的感情联结。不要试图去"纠正"他的感受，因为无论你多么爱他都不可能真正做到这一点。但是，你可以表达你对他的理解、鼓励和支持。

离婚的真相

在理想的世界里，孩子会与他的父母生活在一起，感受到他在家中的归属感和价值感，并在成长过程中学着变成一个有能力的人。可显然，即使是父母均在的家庭中，孩子也不见得能活在这样的理想环境之下！当父亲和母亲不再生活在一起时，孩子的生活当然会变得艰难很多，但要好好活下去却也并非不可能。

许多人认为，父母离异的孩子长大后会再也不可能拥有健康的婚姻或夫妻感情。这是不对的！密歇根大学针对6000多名成年人进行的一项研究表明，父母离异的孩子在成年之后有43%的人婚姻幸福，这与在双亲均在的家庭中长大的孩子婚姻幸福的比例大致相同。

父母离婚或分居对男孩确实相当不利：

● 男孩对父母离婚的反应，更多会是感到愤怒、成绩下降、出现逃学或挑衅等不当行为。而女孩则不同，她更可能会采取压抑自己感情的方式来取悦成年人。
● 当父亲离开家时，男孩更有可能患上抑郁症，尤其是当他不能保持与父亲定期见面时情况更糟。
● 男孩也可能因父亲的离去而失去与母亲的感情联结，因为母亲必须把时间更多地用在养家糊口以及维持家庭运转上。
● 男孩可能会以为家庭的破裂是由他造成的。

值得注意的是，离婚造成的负面影响中还包括经济方面的因素。离婚之后，男性比女性更有可能维持原生活水平，而女性（至今仍更有可能拥有孩子的监护权）却往往会遭遇经济水平的大幅下降。因为经济因素不得不搬到不太安全或不太稳定的社区和学校去，也可能导致男孩在父母离异后出现一些行为问题。父亲在离婚后继续为儿子提供感情支持和经济支持至关重要。

鼓励孩子表达情绪

男孩常常掩饰自己的情绪，好显得他更有男人气概。他还可能希望自己能保护父亲或母亲，不愿意跟人谈论自己的痛苦、悲伤和担忧，或通过不当行为来宣泄自己的痛苦。帮助儿子度过困难时期的最佳方式之一，就是鼓励他识别自己的情绪并向你表达出来。当他向你倾诉时，你要接纳他的所有情绪，更要让他知道，无论你有多么疲累或焦虑，你都愿意把时间留给他，听他向你倾诉。

你的态度也是你儿子能否尽快适应父母离异的重要因素。如果你认为自己是受害者，或总是需要找个指责目标，你儿子就会如同镜子里的你一般，跟你做出同样的事情。如果你能鼓起勇气面对挑战，寻求帮助和自我治愈之法，并尽你最大的努力适应新的生活，你儿子也会向你学习。

离异后的共同育儿

对一个孩子来说，父亲和母亲分住在两个不同的地方是非常麻烦的事情。比方说，他有电脑课的作业，可他却在妈妈那里，谁来帮助他？假如他有一场棒球比赛，可他的装备包却在爸爸那里，他该怎么办？或者说，在妈妈家他可以看电视，但在爸爸家却不让看（或是反过来），他又该怎么办？要是两边的家长都要求他帮忙做家务呢？这该有多么不公平！

共同抚养孩子对离异父母来说同样是很困难的事情。毕竟，如果你们俩还勉强相处得下去的话,为了孩子你们可能仍继续生活在一起。尽管如此,经过一些认真的思考(也许还有一些来自外部的帮助),你还是可以找到适合你个人的方式,管理好钱财、物资和共同育儿时的相关事项。

孩子需要的是什么

你儿子需要能毫无阻碍地与父母沟通、爱他的父母。不论你的前伴侣做了什么,说他或者她的坏话都是没有任何帮助的。你得记住,那个人也是你儿子的一部分。你可以简单地陈述事实,但不包括针对性的严厉批评或指责。要确保你儿子明白,离婚是你们两个成年人的决定,绝对不是他的错(尽管许多孩子的确会认为导致父母离婚的责任在于自己)。

让孩子出于各种原因往返于两个不同家庭时,的确可能导致很多麻烦。当一个孩子处在尊重、有序和一致的环境中时,他往往能表现得最好(成年人其实也是一样)。许多家庭问题专家建议离异双方一起制订一份育儿计划,内容包括共同监护之责,以及探视、教育等父母双方都必须面对的所有其他问题的细节。你们可以自己拟定这份文件,尽管不少离异夫妇发现由调解员或其他专业人士出手相助会更容易一些。在由教育学博士简·尼尔森、家庭治疗师谢丽尔·欧文,以及法学博士卡罗尔·德尔泽尔合著的《单亲家庭的正面管教》[1]一书

---

[1] 简·尼尔森(Jane Nelsen),著名教育家兼作家,请参阅第三章译者注。
谢丽尔·欧文(Cheryl Erwin),本书作者,婚姻与家庭专业心理治疗师,正面管教推广培训师。
卡罗尔·德尔泽尔(Carol Delzer),任职于加州首府萨克拉门托市家庭法律中心,是一名有近30年经验的家庭纠纷律师。
《单亲家庭的正面管教》(*Positive Discipline for Single Parents*),1999年出版,是简·尼尔森的"正面管教"系列育儿书籍中的一部。

中，作者建议向育儿计划中纳入以下内容。

● 探访时间表：周末的探访计划；假期和特殊日子该怎么安排孩子的去处？

● 监护权：谁拥有合法的和实际的监护权？

● 责任：谁将为哪些事项做出决定？继父母也可以参与决定吗？

● 教育：与学校相关的决定、费用，以及将来的大学教育，你们都有些什么计划？

● 医疗保险及费用：医疗费用（自付部分）由谁支付？医疗保险挂靠在谁的名下？

● 其他保险：青少年人寿保险或汽车保险挂靠在谁的名下？

● 心理健康护理：由谁决定是否该带孩子寻求心理咨询？谁有资格掌管这方面的信息？

● 托儿服务：由谁决定托儿服务的选择？要明确规定由谁接送孩子往返托儿服务场所。

● 家长教育：参加家长学习班对父母双方都很有帮助。由谁来决定何时、何地、参加哪里举办的家长学习班？你们会一起参加还是分别参加？

● 宗教教育：孩子去教堂或去教堂学校的事情该怎么安排？

● 与大家庭的联系：你们将如何对待孩子的祖父母辈、叔伯姑舅辈、亲兄弟姐妹以及堂或表兄弟姐妹的探访？

● 搬家：任何一方是否可以带着孩子搬去外地居住？

● 课外活动：谁来支付运动队、舞蹈班、音乐课等的费用？由谁出场陪孩子去参加活动？

● 交通：上学放学以及参加课外活动时，往返交通怎么安排？

- 学校的成绩单及其他记录：由谁负责保管？
- 税务减免：报税减免归谁？①
- 日程变更：需要出差或发生紧急情况时，孩子该怎么办？

制订一个解决分歧和意外问题的后备计划也是明智之举。把你们共同抚养儿子当作一种业务关系来处理可能会让事情更顺畅一些，毕竟在工作中哪怕合作双方相互厌恶也还是能把工作好好进行下去。以尊重、礼貌、合作的态度行事至关重要。你可能不喜欢你的前伴侣，但如果你们能一起努力帮孩子顺利度过调整期，给孩子营造一个安稳的成长环境，就孩子的事情互通有无，那么，你们的儿子就一定能生活得更快乐、更健康。

不要让孩子参与父母的冲突

所有的孩子都讨厌夹在交战的父母当中。有些父母把孩子当作拔河比赛中的绳子，用力拉扯，以求获胜。这种行为只会伤害你的儿子。

要尽力自己处理好你们成人之间的事情，让你儿子继续做小孩子。切莫要求孩子帮你解决金钱问题或向另一方索要子女抚养费。切莫要求孩子向你报告另一方家长的私下行为，比如："你爸爸有女朋友了吗？她会过夜吗？"如果你有足够的理由怀疑你儿子在另一方家长那里受到了虐待或是遭到漠视，你必须自己采取行动。除此之外，请给予对方尊重，并允许你儿子与另一方家长维护好他们的感情联结。你的重心在于为你儿子提供一个能充满爱、欢笑和信任的家。

---

① 养育孩子有税务减免优惠。

在家庭和自我间保持平衡

单亲家长可能会感到不堪负累。如果你也有这种感觉,那是很正常的。没有足够的时间或金钱四处走动,出门去买东西时必须把孩子带在身边,甚至连洗个澡也一样,这些都是经常发生的事情。但是,单亲家庭的生活也有独到的好处,比如说,你家里一切事务都是由你来决定的,你和儿子之间的感情基调也是由你来决定的。

单亲家庭的生活

单亲父母有时很难平衡好自己需要承担的所有责任。他们当中的许多人会担心成长中的男孩需要自己既当爹又当娘。独自一人养育孩子真的能行吗?

无论你多么努力,你都不可能同时扮演好母亲和父亲的双重角色。事实上,你儿子并不需要你一个人身兼双职。教练、邻居、朋友和其他家庭成员都可以为他提供支持、教导和乐趣(以便让你从独自育儿的艰难中得到喘息的机会)。当你需要寻求他人的帮助时,请不要难为情。你还可以寻求专业治疗师、单亲育儿指导课程或支持小组的帮助,他们会向你提供你需要的鼓励和建议。

即便是单亲,你也可以继续走正面管教这条路,把重心放在与你儿子保持牢固而充满爱的感情联结上,同时确保你会定期抽出时间用心倾听他的声音、与他沟通。你儿子真正需要的是他家里有你这个足够好的家长。

虽说单亲母亲也可以将儿子培养成快乐的、有能力的成年人，但是，你一定要注意自己对待男人的态度。要确保你对他父亲的任何怨恨与怒气不会蔓延到你儿子身上。男孩往往特别敏感于母亲对待男性的态度，尤其是对他父亲的态度。

保持好你自己的平衡

要做一个成功的单亲家长，学会照顾好你自己也是一个很重要的环节。你可以而且应该腾出时间做你喜欢的事情，见你想见的人。你也需要学会一些新的技能，毕竟，作为单亲家长，你要学会明智地管理钱财，更有效地安排时间，坚持友善而坚定的管教模式。

定期召开家庭会议会有助于你和儿子共同解决你们的各种问题。不论你相信与否，单亲家庭的生活其实为孩子提供了许多很好的机会，让他得以学习各种生活技能，为你们的家贡献他的一份力量，并感受到真切的归属感。你还需用心遴选哪些事情更为重要（以及值得跟孩子开战），因为你根本没有足够的时间处理好每一天里的每个问题。要确保你把时间和精力花在了真正重要的事情上。

营造新家庭的健康氛围

大多数离婚之后的成年人最终会选择再婚，由此产生的再婚家庭往往会生出"你的、我的、我们的"有趣组合。在再婚家庭中，有的孩子可能需要时不时地往返于另一个亲生父母的家庭，有的孩子则会一直住在这个家里。家务、房间、空间、时间和感情都会产生问题（乃至争执）。当然了，再婚家庭也一样能充满了爱、欢乐和希望。

冲突的亲情

当你再次结婚时，你可能相信从此你们就会过上幸福的生活，只不过要花点时间适应而已。不幸的是，期望没有共同血脉或生活经历的成年人和儿童立即就彼此相爱是不现实的，你可能会感到失望并遭遇冲突。

再婚会引发一些关于爱和亲情的有趣问题。大多数继父继母都会或早或迟听到那句可怕的话："你又不是我真正的爸爸（或妈妈）"。与继父母的冲突似乎是我们文化遗产的一部分，毕竟，看看有多少神话和童话故事里都有邪恶的继母或残酷的继父吧！建立起新的亲情关系——父母和孩子之间的感情纽带——可能是经营一个健康的再婚家庭最为困难的任务之一。

明智的做法通常是由孩子的亲生父亲或母亲带头对自家孩子设立限制并进行管教。如果你儿子还没能接受或不肯尊重你的新伴侣，他是不太可能愿意与对方合作的。你要跟孩子一起设立限制，要把重心放在你与孩子的感情联结上。信任和尊重往往会随着彼此的熟悉逐渐建立起来。

你儿子需要时间来接受你的新伴侣并摆正那个人在他生活中的位置。你无法控制或支配你儿子的感受，但你可以鼓励他做出恰当的行为。继父母（以及其他成年伴侣）尽管不是孩子的亲生父母，却也可以成为值得孩子信赖的朋友、导师和知己。要有耐心，多些理解和体谅，并以友善而坚定的态度贯彻实行管教措施。

与新伴侣合作

亲情不仅可能成为几个家庭之间的问题，也会存在于一个家庭的内部。父母偏爱自己的孩子并觉得与再婚伴侣的孩子没有多深的感情，这虽然是很自然的事情，却可能给新家庭中的每个人造成很深的伤害。保护你儿子免受新伴侣的伤害似乎是不由自主的甚至是有必要的事情，又或者，你可能相信你的养育技巧更加出色，并想要帮助你的新继子女。不幸的是，如果你过早地行使家长权力，得到的回报往往可能是孩子的怨恨。

只要你明了归属感和价值的重要性，把重心放在与新的家庭成员建立真正的感情联结之上，那么，带领全家一同用心设立限制并认真贯彻执行就会变得容易得多。定期召开家庭会议将有助于每个人都把心思放到寻找问题的解决方案上，而且有助于每个新家庭成员都更好地了解彼此。

根据专家们的报告，大多数再婚家庭平均需要2—7年的时间才能形成舒适的生活节奏及平和的家庭氛围。再婚家庭跟你之前的原有家庭在感觉上会不太一样，但这不要紧。你的包容与耐心对于建立和睦的再婚家庭至关重要。

很少有成年人在养育孩子的问题上能完全达成一致，无论他们彼此有多么相爱。你和你的新伴侣需要共同决定如何抚养你们共同的孩子。找个好的育儿指导班、与咨询师交谈几次，都是很明智的投资，有助于你们避免不必要的家庭冲突和心理压力。

缓解孩子的角色负担

一对爱侣通常会怀着希望、乐观和信心而步入婚姻。没有谁会期望将来有一天还得离婚。然而，出于种种原因，一段婚姻结束了，父母和孩子都必须找到新的方式继续生活下去，组建新的家庭。完全不同的家庭生活可能会迫使一个孩子过早地成熟。有时，做父母的也可能无意识中迫使自己的小男孩早早变成一个"小男人"。

单身母亲和儿子

作为一个单亲家长，养育着一个与你性别不同的孩子，可能会遇到意想不到的困难。单身父亲常常很难理解女儿的身体发育与情绪波动（更不用说时尚和可接受的发型了），单身母亲也总是很难凭直觉了解儿子的需求。即使是最简单的小事也可能让人进退两难，比如说，如果你是一个单身母亲，带着一个7岁的儿子，孩子的年龄已经令你不方便再带他进女厕了，可是，你敢不敢让他独自去男厕呢？

威廉·波拉克博士在《真正的男孩》[1]一书中引用了一项针对648名父母已经离婚8年的少年儿童进行研究的结果。该项研究发现，与单身母亲生活在一起的男孩罹患重度抑郁症的可能性，是与单身母亲生活在一起的女孩的5倍。跟单身母亲一起生活的男孩，与跟成年男性亲人或师长保有稳定关系的男孩相比，做出有危害行为的比例也要更高。

---

[1] 请参阅第六章译者注。

俄亥俄州立大学1998年的一项研究发现，在管教孩子方面，单亲父亲做得并不比单亲母亲更好。如果你是一个抚养儿子的单亲母亲，那么，你最好能认真学习一套切实可行的养育技巧，并慎重思考你的长期养育目标，这两点都非常重要。即使没有男性伴侣的帮助，你一个人也可以将儿子养育得健康而快乐。

许多成功而健康的男性都是由单亲母亲抚养长大的。尽管如此，与单亲母亲生活在一起的男孩有时会觉得自己必须承担缺失了的父亲的责任。还有些时候，母亲也会希望她的儿子成为家里新的顶梁柱。

建立健康的界限

期望儿子能配合家庭的顺利运转并没有什么错。然而，期望儿子能担当起成年男人的重担，则会陷他于失败。无论你的儿子有多么成熟，多么爱你，他都不具备与你并肩挑起家庭重担的技能。需要做重大决定时，你当然可以征求他的建议，但是，最终做出决定的人必须是你。永远也不要忘记谁才是真正的家长。而且，永远不要让你儿子承担起你的情感负担，或是担心你们的家庭财务——尽管他可能会在你没有提要求的情况下自己主动这样去做。

你可以而且应该告诉你儿子，无论他年龄有多大，你都是他的家长，照顾好他是你的职责。当然了，你还可以也应该让他知道，你非常感谢他对你的帮助和支持。如果你感到抑郁或焦虑，请不要犹豫，赶紧寻求帮助，永远不要期望你儿子担当起照顾你的重任。

唯有你们之间建立起清晰的、合理的、相互尊重的健康界限，你才有可能真正做到好好爱你的儿子，好好享受跟他在一起生活的乐趣。你还须记得花时间滋养你自己，享受你的生活，也让你儿子自由自在地享受他的少年时光。

需要思考的几个要点

离婚、单身父母以及再婚家庭，都是当今世界的普遍现实。如果你自己正处于这几种状况中的一种，为了你的儿子做一名有意识的家长就比以往任何时候都更加重要。这样的状况肯定会给孩子带来各种影响，不过，你若能妥善处理好你所面对的困境，也会对他调整好他的生活有莫大的帮助。要用心倾听你儿子表达他面对这种状况时的感受；要以尊重的态度对待你的前伴侣，为你儿子树立好的榜样；同时，尽量让他继续享受到身为孩子的乐趣。以下是需要思考的几个要点：

- 离婚会对男孩的生活产生深远的影响。许多男孩会觉得他需要在父母离婚期间承担起照顾者的角色。在你们离婚的过程中，要鼓励你儿子与他周围的成年人坦诚沟通并取得他们的大力帮助。
- 离婚后，为你儿子树立处事得体和相互尊重的榜样尤为重要。要尊重你的前伴侣，并就涉及你儿子的事宜与他（或她）保持坦诚的沟通。如果需要，请你把这种交流看作业务往来。
- 在离婚之前、离婚期间和离婚之后，与你儿子保持紧密的感情联结始终是至关重要的事情。

● 单亲家庭可以和双亲家庭一样卓有成效。面对儿子既要当爹又要当娘固然不会是一件容易的事情，但与此同时，你也正在为你儿子塑造一个顽强、自律和坚定的好榜样。

第十六章 帮男孩走向独立

放手是从你儿子刚出生时就已经开始的一个过程。你必须放手，他才能学会自己吃饭、走路、奔跑。如果你在孩子的整个成长阶段中都在努力地不断放手，那么等到他必须开始自己的独立生活时，你和你的儿子就会都已经做好了准备。抚养孩子的悖论之一是，如果你做父母做得很称职，你的孩子就会离开你。让儿子走向独立，这个过程比许多父母想象的要更困难。

帮助儿子做好独立的准备

只要你儿子还住在你的屋檐下，你就会守在他身边，照顾他，教导他，并限制他的行为。然而，一旦你儿子搬出去独立生活了，那时候就不可能还有个家长在隔壁房间里守护着他，确保他一切都顺利。当你儿子走出家门之时，他需要知道该如何管理好他自己的生活，如何做出正确的决定，如何照顾好他自己。

法律规定，孩子年满18岁就是个法律意义上的成年人了（无论他是否已经完全发育成熟），他就已经可以签署协议，承担任何成年人应负的责任和义务了。可实际上，年满18岁并不一定意味着他就已经准备好了承担成年之后的所有责任，许多18岁的孩子在生理上和心理上仍处于发育阶段。因为你与儿子的日常互动，所以，你才是判断他成熟到什么程度的最佳人选。他很可能仍然需要遵守一定的限制，特别是如果你儿子仍然住在你家中的话。

你儿子很可能不会意识到你为他做了多少事情，直到他需要自己去做时他才会明白。除了日常必需的可口的饮食、干净的衣物、舒适的住所之外，他还会发现他必须面对的医药保健、各种保险、银行账户和所得税等现实。你儿子还必须自己管理好他的教育或职业。他也必须知道如何保持好自己在身体上和心理上的健康。

掌握必要的生活技能

你可能认为你已经充分知道了教授孩子学习生活技能有多么重要，但是，当你儿子宣布他准备搬出去时，这个想法会变得更加紧迫。而当他第一次打电话给你说他的钱没了，忘记给汽车加油了，或他家里的下水管道堵塞了时，事情就显得更加刻不容缓。

如果你儿子是去参军或是上大学，那么他会住到宿舍里去，因此他的部分（如果不是全部的话）日常生活将由他人来替他决定。如果他打算独自或与室友一起住到独立屋或公寓里去，那么他可能就不得不掌握一些新的生活技能才行。

少年人和青年人经常抵制父母直接指导他们学习生活技能的良苦用心，因为这些课程听上去太像是在训导了。也许更好的做法是你自己先坐下来，逐一列出儿子一旦搬出你家时一定会需要的各种生活技能，而且，最好是在你儿子还只有15—16岁的时候就开始这么做，因为这样一来你就还能有两三年的时间做准备！好好想想你儿子是否可以独立完成以下任务：

- 阅读衣服上的保养说明并按指示洗涤和干燥。
- 熨烫衬衫和便裤。
- 缝上纽扣，修补接缝开线。
- 购物时货比三家，比较价格、数量和质量。
- 从头到尾自己做好至少六样营养餐食。
- 操作和维护日常家用电器。
- 检查汽车的机油和轮胎压力。
- 在生病或发生紧急情况时知道怎么做。
- 寻找合适的医生。
- 知道利用银行账簿或网银信息来管理和平衡自己的账户。
- 写个人简历，填写工作申请，并成功通过面试。
- 弄明白租赁协议或其他法律协议。
- 及时支付水电费、信用卡账单和房屋租金。
- 申报医疗保险索赔、汽车保险索赔。
- 保存所有收入记录，并按时提交年度报税表。

你可以在你自己做这些事情时，邀请你儿子与你一起边学边做。你也可以不断将一些建议和信息写到一本笔记簿上，待他搬家时给他做个参考。你还可以在里面写上你们家最喜欢的家庭食谱，医生、诊所和亲戚家的地址和电话，以及你认为可能有用的其他信息。

一旦你儿子搬出去住了，他如果还来找你要钱，你就要花点时间多想一想。如果你感觉自己被儿子操纵了，那么你肯定就是被儿子操纵了。你可以以既友善又坚定的态度，让你儿子去体验他自己做预算（或根本没预算）的结果。你可以帮助他计划未来的开支，但不要再出钱"救"他。

花时间想一想，你的家是否应该对他提供食品外卖、洗衣服务或电视播放服务。你会欢迎儿子的意外来访，还是觉得他给了你太多的麻烦，这取决于他的意图。你要始终牢记你希望儿子掌握的生活技能，要确保你的一举一动都能激励他培养自立、自信和尊重。溺爱你儿子并清理他的烂摊子固然会在事情发生的那一刻让你显得很有爱心，但是，这么做却教不会他自己独立处事的能力。

角色转变：从"父母"到"导师"

有人说，你在哪里都是一个成年人，除了回到父母家中之外。这句话有一定的道理。很多时候，父母仍很难放手让已经成年的孩子自己安排他的生活，从衣装、恋爱到职业，方方面面都还要给孩子提建议。

当你儿子还小的时候，你当然有责任照顾他的一切，从衣食住行到健康安全。可有时，做父母的会太习惯于管理孩子生活上的所有细节，以致到了该放手的时候仍然放不下。最容易导致父母与少年人权力斗争的做法，就是当孩子确信他已经准备好了自己要怎么去做时，你却还要继续"替"他安排他的日常生活。

放手并不意味着要抛弃或漠视你的儿子。你可以而且应该继续参与他的生活，但是你的参与方式必须有所改变。你应该给自己换个角色，把自己当作孩子的导师或教练，而不再是养育者或看护人。你可以而且应该继续提供支持、鼓励，有时还可以积极干预。但明智的做法应该是等你收到孩子发出的请求之后，再伸手救援。

下面的几句短语是导师型父母应该经常挂在嘴边的话：

- 你需要我的帮助吗？
- 你想听听我的建议吗？
- 你对解决这个问题有什么想法？
- 你想知道我的想法吗？
- 如果你需要我，请告诉我。

从父母变成导师，意味着你要继续保持对孩子的关心，继续维护好你们的感情联结，而绝非把他捏在掌心里控制他。只要你的态度是鼓励儿子独立并为他的成功喝彩，那么他就会更有意愿欢迎你参与到他的生活中去。

当儿子回家时

年轻人通常满怀希望地离开家。他要出去接受更好的教育、一份新的工作，或是颇为光明的一份感情。但有些时候，这世界对他并不友善。他可能很难赚到足够的钱来支付房租和日用开支；他与朋友、室友或爱侣的感情可能会破裂；他一直梦想的大学可能令他感到失望，他甚至有可能辍学。在这样的时候，年轻人难免想要回到父母家中。事实上，有些年轻人在获得成功独立生活所需的信心和技能之前，会搬进搬出好几次。

为共同生活设立规则

最近的一项研究表明，大多数家长都希望自己的孩子在 25 岁之后搬出去独立生活。然而，现在的年轻人结婚并组建自己新家庭的时间比以往任何时候都更晚，女性大约是 26 岁，男性大约是 28 岁。此外，许多年轻人都表示，他们如今与父母的感情也更加紧密了。

作家兼治疗师玛莎·斯特劳斯博士[①]把这类关系紧密的家庭称为"蹦极家庭"。根据斯特劳斯的调查结果，年龄在 18—34 岁的美国青年当中，有 2500 万人与父母住在一起；另外，65% 的大学生在毕业后会搬回家住一两年。假如你已经成年的儿子也想搬回家来住，那一定会是不好的事情吗？不见得。只要你们能就双方的期望和义务达成共识，那就可以是件好事。

多项研究得出的结论表明，要预测 20 岁左右的年轻人能否在学业上、工作上取得积极成果，最关键的因素在于他们与父母之间是否有的"稳定的、高质量的亲子关系"。这样的亲子关系在孩子成年初期应该继续保持下去。

[①] 玛莎·斯特劳斯（Martha Straus），心理治疗师、教育家、作家，以其在儿童、青少年以及家庭治疗领域的成就闻名，撰写了大量有关家庭、育儿、以及青少年走向独立时所面临的挑战等主题的文章。

无论你有多么爱你的儿子，当他成了一名"全时寄宿生"时，你都有可能为之感到烦恼（而且筋疲力尽）。有时候，年轻人回家住一段时间是有一定道理的。当他需要重新振作起来并思考下一步该怎么走时，你可能非常乐意为他提供一个安全庇护所。但请记住，你们的关系此时已经发生了变化：他现在已经是成年人了，你不再欠他一个住的地方。提前讨论好相关入住条款会让你们双方都免于一些后来可能出现的痛苦。

你有权在你的家中设定相关家规。如果你已经成年的儿子要搬回来住，请确保你们会针对以下事项达成共识：

- 你会乐意他留下来多久？
- 你希望他分担房租、日用杂物费用以及其他费用吗？
- 在你为他提供特殊服务时要三思。谁该承担起他的洗衣、做饭以及其他相关家务？
- 你儿子可以在你家里招待过夜的客人吗？你会要求他在规定的时间内回家吗？
- 你将如何应对他饮酒等问题？
- 你会给你儿子钱吗？你会替他支付账单吗？

你需要认识到，对待成年儿子的行事规则，与你当初抚养小男孩时已经大不相同。比如说，限定他晚上何时归家可能是不现实的。当父母上床睡觉时，许多年轻人才刚刚开始他们的夜生活。

在你儿子入住前，最好能先就相关事宜进行一番坦诚的讨论，达成让你们每个人都感到满意的规划。比如说，你可能不再要求他必须晚上几点之前回家，但会要求他在凌晨回家时必须保持安静和礼貌。

适应空巢生活

当孩子们还小的时候，你整日在家里忙个不停。似乎总有做不完的事，去不完的地方。你会渴望平静与安宁，完全不知道无聊是种什么感觉。然而，等你家孩子都搬出去住了之后，家里的感觉忽然间就完全不一样了。雏鸟已飞去，家里成空巢。

家里成了空巢其实也有些你意想不到的好处。比如说，你可能从来没有想到过你家里会是这样：

- 很安静。电话铃声不再那么频繁响，也不再有吵闹的音乐——除非你自己在播放。
- 汽车装满一箱油之后能维持使用的时间更长了。
- 冰箱里的食物消耗速度大大降低，日用账单也大幅度减额了。
- 去购物时，你可以给自己买东西了。
- 电脑、电话和电视现在都归你用了。
- 家里到处都干干净净，需要洗的衣服也少了很多。
- 无拘无束。你可以忽然决定出去吃顿晚饭、跳一场舞，或者光着身子在屋子里四处走动。

但有时，空巢也会让人很难受。安静既可以让人感到安宁，又能令人陷入彷徨。如果你和儿子关系亲密，你无疑会想念他的陪伴、他的欢声笑语、他一天中的各种故事。你可能会发现你和爱侣过去将所有的精力都完全投注在了儿子身上，以致你俩之间几乎没有多少感情联结。

孩子离家之后经常是夫妻关系中最具挑战性的时刻之一。事实上，空巢期是夫妻分居或离婚最常见的时期之一，即使他们已经结婚几十年了。当你儿子快要长大成人时，请务必把你与伴侣的关系放在首位，要花时间滋养你们之间的亲密关系，好好享受彼此的陪伴。

空巢综合征

最有可能陷入悲伤和失落（通常被称为空巢综合征）的家长，往往是那些对孩子关心过度的人。如果过去20多年间抚养儿子是你整个生活的核心部分，那么一旦他离开家门之后，你很容易觉得不知道该怎么填补空出来的时间。

然而，许多家长也发现，孩子离巢后的这段时光可以是既有意义又令人愉快的。如今许多母亲都有工作，女性更有可能仍继续保有她的使命感、朋友圈和各种活动。

一些研究表明，对孩子离巢最感难受的人很可能是父亲。海伦·德弗里斯博士是惠顿学院的心理学副教授[①]，她对"空巢对男性和女性的影响"颇有研究。她发现，即使是在家当全职妈妈的女性也会期待孩子离家的那一天，并为之制订好相应的计划来打发多出来的时间。可是，做父亲的却往往难以预料孩子离巢对他感情上的影响，并更有可能因为失去了与孩子共度时光的机会而倍感难过。

接下来做什么

抚养一个孩子需要很多年的精力、耐心和操劳。当你儿子离家去体验这个世界时，你就有了机会将所有精力集中到各种其他事情

[①] 海伦·德弗里斯（Helen DeVries），在惠顿学院任教20多年，于2010年以心理学主任兼教授的身份退休。她专精于家庭及老年心理学的研究。

上。你当然永远不会停止爱你的儿子，为他劳心劳力，但是，你可以找到一些办法让孩子离巢之后的生活变得更愉快、更有意义。如果你还没有考虑过儿子离家后要做些什么，这里有一些建议：

- 探索你曾经没有时间去探索的兴趣。你可能想去学习一套新的烹饪方式、侍弄你的花园，甚至去学习驾驶飞机。
- 重返大学或研究生院。你现在已经有了积累多年的智慧和经验，给它们找个用途应该是件颇为值得的事情。
- 出门旅行。
- 与你的爱侣一起拟定一些活动或出游的计划。多花些精力经营你与亲朋好友之间的人际关系。
- 做志愿者工作。
- 创业。你可以将你多年来对室内装饰的兴趣转变为成功的咨询业务，或是对外承办私人聚会和其他活动。
- 改善你的健康，优化你的身材。你可以参加瑜伽课程、徒步旅行俱乐部，或是骑自行车。

在你把时间和精力投入自身需求上的同时，你仍可以继续做你儿子的坚强后盾。你所表现出来的主动、热忱和自尊，也能成为激励你儿子的榜样。

维护好与儿子的感情联结

无论你儿子去往哪里，保持你们之间的感情联结，继续参与到彼此的生活中去，这对你们双方来说都仍是十分重要的事情。虽然他可能不再需要你的全职照顾和监督（或者至少，你希望还能如此），但是，大多数成年之后的儿子在建立自己的生活和家庭的同时，仍然会珍惜来自父母的关爱、智慧和支持。

你曾与儿子共享的这个家将成为他余生的根，当他飞翔天际、体验人生之时，是你的鼓励给了他翅膀。无论你儿子去往哪里，你都可以与他保持你们之间牢固而充满活力的感情联结。如果你还不会用电脑，请花些时间学习如何发送和接收电子邮件。手机短信和社交网络也是保持定期联络的绝佳途径。数码摄影技术会方便你们分享彼此的照片和回忆，传统的老式书信和明信片也总是受欢迎的。时间永远不会静止，但你和儿子在未来一定会有更多美好的时光。

需要思考的几个要点

放手，对大多数父母来说都是很一件很困难的事情。在悉心照料了你儿子那么多年也维系了那么多年的牢固感情联结之后，当他走向外面的世界开始他的独立生活时，你难免会感到悲伤。即使你能很理性地将帮助孩子为他的独立生活做好准备看作你为人父母的职责，你也仍然会十分不舍你的宝贝从此离巢。以下是一些需要思考的要点：

● 让你儿子为成年做好准备，是从他一出生就已经开始的一个漫长的过程。你在日常生活中以各种各样的方式教会了他所需的独立能力，今天的离巢就是这些课程的顶峰。

● 积极教导你儿子宝贵的生活技能，必将有助于他更好地为成年之后的发展做好准备。虽然你觉得把儿子照顾得十分周到是你的一片爱心，但实际上你是在教他学会依赖。要给你儿子留出犯错误的空间，让他能从中汲取经验、获得成长。

● 不论你儿子出于什么原因住回到你的家中来，制定相应的家规和限制都十分重要，唯有这样你们才能维护好彼此之间的关系，不会生出新的仇怨来。好的限制有助于维护双方各自的独立性。

● 健康的感情联结和家长支持，通常能延续并贯穿你儿子的整个成年阶段。他虽然走出了你的家门，但那并不意味着他从此便与你的生活再无关联。有了从小与你建立起来的牢固感情联结，无论你儿子长到多大，他的心都会永远与你联系在一起。

第十七章 为自己和孩子喝彩

在多年的辛劳而正面管教即将结束之时，你虽然心里装着不少美好的回忆，但无疑也会有一些遗憾和担忧之处。没有哪对父母会是完美的，所有的父母都曾做过错误的事情，有过错误的判断。他们大多都经历过情绪失控的时候，说出过或做出过令自己后悔的事情。你儿子也不会是完美的。无论他长到了多大，都仍然有很多东西需要学习。当你们的生活继续时远时近地交织在一起时，你们都将继续学习和成长，也会继续犯错误。不过，只要继续努力维护好感情联结，你们之间的关系就仍会给你们双方都带来更多快乐和新奇。

儿子成年了，欣赏他如他所是

如果你刚刚踏上为人父母之路，家里有个精力旺盛的小男孩总是在那里闹腾不休，你可能觉得想要完整地看本小说或打场高尔夫几乎是不可能的事情。然而，不论你信与不信，你的这份愿望都终究会有实现的那一天。随着时间的流逝，一切都会无可避免地发生很多变化，你儿子也终有一天将不再需要你给他喂饭、帮他穿衣或哄他睡觉。

当你家男孩还很小的时候，没有人知道他将来会成长为什么样的人。他忙着掌握语言，操控着有时不怎么听指挥的小胳膊小腿，努力探索着周围的世界。不过，随着你日复一日的悉心陪伴和用心倾听，他的真实面貌便会逐渐开始显现出来。

对孩子的未来抱有信心

男孩很少能长成父母所期望的那样的人。他有些地方会让你露出微笑，可也有些地方会令你感到失望。你可能希望他成为一名职业运动员、一名才华横溢的音乐家或是一名成功的商人。你也可能盼望早日抱上孙子，可你儿子却一直在环游世界，并不急于安定下来。他还可能做出了一些你根本不理解也不喜欢的选择。

如果你回顾自己的童年时代和青年时代，你也许会发现，这么些年来你其实也有了很大的变化。生活就是这样对待每一个人的：我们必须适应它，不断从经验中学习新东西，慢慢成长为更智慧、更坚强的人。你可能会看着自己的孩子，心中充满爱和自豪；你也可能会摇摇头，担心他（以及你）该怎么活下去。但是，请记住，你儿子的故事此刻还没有写完。他是一部正在创作当中的作品，需要你继续给他以信心、鼓励和忠告。

父母的角色转变

你不妨稍微回想一下你与你父母之间的关系。你离家之后，多久会与他们说一次话？你是很高兴在电话中听到他们的声音，还是想尽快挂断？当他们来看望你然后又离开时，你是感到难过还是松了口气？也许，他们根本就没有来过？你希望以前与父母的关系最好能是什么样的？

你永远是你儿子的父母。可是，一旦他长大成人，你们之间的相处模式就必须有所改变。你可能确信你比你儿子更清楚他应该做什么，应该住在哪里，也许还比他更清楚他应该与谁约会或结婚。你甚至可能是对的。但是，就像你儿子在3岁或15岁时会抗拒你对他的控制一样，如今的他也不太可能接受你的主动提议。如果你把他抓得太紧，或对他干涉太多，他可能更想做的是远离你而不是亲近你。

有天赋的少儿和青年虽然会热衷于他们最擅长的事情，但他们的心理健康和快乐程度与天赋普通的同龄人没什么两样。可是，假如父母对他们要求过高，只关注他们的成功与成就，那就是另一回事了。父母要求过高时，孩子会害怕犯错，他们于是无法享受自己的成就，总是惶惶不安地担心接下来的挑战。

随着你儿子不断成长，你的角色就该逐渐转换成一个鼓励者。你可以提出指导和建议。如果你们多年来早已形成起了稳固的感情联结和相互尊重的亲子关系，那么，在他走向真正成熟的过程中，他还是会（好吧，至少大多数时候会）欢迎你的建议。

在《"我不想谈"》一书中，泰伦斯·雷尔[①]对"成熟"的定义之一，是有了"能把自己的东西和想法分享给别人"的体验。雷尔写道："能为他人做出贡献，是一个人真正成熟的核心标志。如果一个成人关注的只是他能得到什么，那么他就仍然活在一个孩子的世界里。当一个人成长到了一定阶段之后，如果他想要保持真正的生命

[①] 请参阅第六章译者注。

力，他就需要积极地投身于各种利他事务中去，而非只想着自己的成功与快乐。"因此，你的儿子必须找到他自己的人生目的和生命意义，而你的任务则是继续保持与他的密切关系，为他加油，在他需要你时提供支持，但绝不是替他行事。

信任你的儿子

无论你儿子长到了多大年纪，也无论他是否愿意承认，他都渴望着你对他的接纳和爱。他希望你为他感到骄傲；他希望知道在你心目中他已经足够好了，即使你仍在鼓励他尝试新的东西。你能赠予他的最珍贵的礼物之一，就是你对他的信任，相信他有能力走出一条成功的人生之路。

随着你儿子渐渐长大，你可以跟他聊聊他钦佩的人，引导他了解品德的重要性，教导他不必看重人的言辞、外表、财富等肤浅的东西，而要注重对人生更有意义的价值观。他固然必须自己决定要走什么样的人生之路，但你也要尽你所能把最好的都教给他。

请想一想，在你认识的人当中，有谁是值得你敬佩的人。你可能会想到家族中的某个人、你最喜欢的老师、某个政治人物，或是街坊中的某个父亲。也许你很欣赏某位音乐家、演员。现在，请再想一想，你所敬佩的那个人是个什么样的人。是什么让他取得了成功？他的哪些方面让你特别欣赏？

你可能会发现，做一个出色的成年人有不止一条路可走，"成功"二字的定义也不是只有一个。并非所有功成名就、受人尊敬的人都是千人一面，所以，你也要给你儿子自由，支持他成为他想要成为的人。这说起来容易，但做起来有时却当真很不容易，尤其是当你儿子的人生目标和价值观与你并不相同的时候。

所有的父母都会对自己的孩子有所期望。但是最终，所有父母都必须放下自己的执念，让孩子走他自己的人生之路。你要让你儿子知道，即使你可能不认同他的选择，你也仍然会信任他。你对他的信心，即你相信他会成长为一个有价值的人，必将激励他闯过一项又一项人生挑战。

延续家庭传统和庆祝仪式

你与儿子的感情纽带永远非常重要。记忆是我们唯一能保留住的过去的一部分。对许多家庭来说，最温馨的回忆往往是围绕着家庭节日、假期和特别活动而织就的。从你儿子第一个生日派对到他高中毕业，你们共同营造的家庭传统和庆祝仪式，能令你们这个家庭的感情纽带始终保持活力。

哈佛大学医学院研究员理查德·布罗姆菲尔德博士[1]**指出，人的**

---

[1] 理查德·布罗姆菲尔德（Richard Bromfield），哈佛大学医学院著名临床心理学家和研究员，专精儿童心理学，为帮助父母理解孩子成长的复杂性、应对养育过程中的挑战做出了重大贡献。

童年跨越了 6570 天、四任总统、18 个年头、近 100 万分钟。听起来时间好像很多很多，但父母却常常感慨时间过得太快。趁着你儿子还住在你的屋檐下，请赶紧多花些时间享受他的陪伴、欣赏他的存在吧。

....

你可能不曾意识到，孩子们通常也和你一样，非常重视这些特殊的庆祝仪式。即使你那青春期的儿子朝你翻着白眼、大声地叹着气，他也仍然会暗地里期待着你把菜单递给他，由他来替自己的这顿晚餐点菜，或是用那套唯有在他生日时你才会拿出来的特殊餐具吃饭，以及找到那张藏在椅子底下的幸运贴纸。

家庭传统往往会以代代相传的仪式延续下去，这些仪式成了我们忙碌生活中的神圣空间。以下是有关家庭庆祝仪式中的一些注意事项：

● **培养你们的感情联结**。无论你有什么样的宗教信仰、种族文化或家庭传承，都请尽你的最大努力将家庭庆典和仪式的重点放在家人之间的感情与关系上，而不是放在食物、礼物或其他无关这一天的真正意义的次要事情上。

● **与家人讨论他们的看法**。随着孩子的成长和家庭结构的变化，你们的家庭传统可能需要一些改变。所以，你应该找时间与家人沟通一下，看看他们真正喜欢和在意的是些什么。

● **要善于灵活机变**。你儿子可能因为工作或教育的需要而错过一两个重要节日，或者，他想邀请新结识的朋友跟他一起来你家过节。若坚持你们过去的老习惯，可能会令你儿子失去参与家庭活动的兴趣。

● **关注你自己的压力水平**。唯有在你自己能感到放松而愉快时，你的家人才会更愿意参加你主持的庆典。

● **欢迎家庭成员的奉献**。你儿子可能有一天想在他的家里举办一场节日庆典，或者，他可能会提出有关食物、仪式或其他活动的建议。你对新的想法和建议所持的开放态度，能为你们的家庭传统灌注更强大的生命力。

● **珍惜这一刻**。需要的时候不妨深呼吸几下，把心思放在这难得的家人团聚时光之上——即使这种时光并不总是像诺曼·洛克威尔[①]的画作那般温馨与完美。

随着你儿子的成长和成熟，家庭庆典和感情联结的特殊时光对你们所有人来说都会变得越来越重要。要舍得花时间与家人一起欢笑、嬉戏，即使距离遥远，一家人也要想办法找到团聚时刻。如此一来，家庭之爱的感情纽带定会随着时间的推移而变得愈发牢固。

继续保持联络

每个人都会很忙。父母要忙工作，孩子也有他们自己的数不清的活动。即使你家孩子还很小，保持沟通渠道的畅通也会是一个挑战。而等他们长大了、走出了家门，这个过程将变得更加复杂。但是，任何时候保持良好联络都是十分重要的事情。

随着你儿子变得越来越独立，你可以找到很多方式来表达你对他的爱、关注和鼓励，无论他是住在家里还是已经独立生活。以下

[①] 诺曼·洛克威尔（Norman Rockwell），1894—1978，美国著名画家，以描绘温馨怀旧的日常生活场景而闻名。

是一些建议：

- **学会新的通信科技**。要学习如何发送短信、电子邮件，以及其他快速沟通途径。可以考虑在社交网络上与你儿子成为"朋友"。在忙碌的一天中，收到一条"嘿，我在想你"的短信，可以缓解掉许多的压力。
- **寄一封信或明信片**。老式的纸质问候语仍然很有用，收信人可以将其钉在墙上或藏在抽屉里，想看的时候就可以拿出来看看。
- **让打电话更容易**。请考虑购买手机家庭套餐，以便你们能更轻松地保持联系（而且还更省钱）。
- **计划前往看望他**。你儿子可能没有足够的时间或金钱经常回家，但他可能很感谢你的到访。不过要掌握好分寸，知道你儿子有他自己的承诺和兴趣，以保障你们双方都更愉快。
- **寄送关怀包裹**。如果你儿子没有住在你家里，那么一个装满食品、书籍、照片或纪念品的小箱子可能会大受欢迎。

养育孩子的悖论之一是，你最想念他的时候，很可能是他最想要自由的时候。经常通通电话或见见面的主意固然很诱人，但是，许多年轻人会把父母过度的关注看作一种侵入。让儿子为他不需要你而觉得愧疚，并不能改善你们之间的关系。要为你儿子的自立能力喝彩，要尊重他对私人空间和独立自主的需求。要保持最基本的礼貌。只要你能根据儿子的需要把握好你的进退分寸，他就更有可能欢迎你的来电和到访。

随着儿子的成熟，如何与他保持良好的联络与沟通，是你需要学习掌握的一种平衡之道。你必须给他留出足够的空间来伸展他的翅膀，同时让他知道你心里仍然装着他。你的内在智慧和你对儿子的了解会让你心里明白，什么时候你该靠近一些，什么时候又该退后几步让他自己去感受这个世界。

多给自己一些信心

这本书，从孩子的婴儿期、幼儿期、学龄期，一路讲到了他的青年期。你已经被大量的提示、事实、工具和建议所淹没。但还有一件重要的事情我尚未提及：如果没有你，这一切都不会发生。

养儿育女，是一门将儿女培养成有能力的、快乐的成年人的艺术，然而，这门艺术至今尚未得到我们这个社会的足够重视。毕竟，很多人都会有孩子，每个做家长的都"应该"有能力抚养孩子。这话难道不对吗？然而，说实话，我们整个社会和21世纪家庭的变化，使得把一个男孩培养成一个自信、成功、成熟的男人这件事，变得比以往任何时候都更具挑战性。

若是完成一份普通的工作，你会很容易感到自己完成了一些有价值的事情。你会收到别人的及时反馈，还会得到相应的定时报酬。但是，养儿育女这份工作，却并不会让你看到如此立竿见影的回报。你必须对自己和你的孩子抱有信心，知道有一天你的所有努力都会开花结果。

你已经尽力了

请回想一下你为人父母时最为艰难的那些时刻。大多数父母都会承认，自己有时很难拿得出足够的爱心、耐心、坚定和宽仁。毋庸置疑，有时你做不到你认为应该做的事情，有时你不知道下一步该做什么，有时你不得不承认自己犯了一个错。

不完美只会说明你是个真正的人。希望这句话能让你放松一些，而且，好消息是，完美并不是做有意识的父母所不可或缺的必要条件。你永远不会是个完美的人，你儿子也同样不会。不要因为犯错、失败和误判而责怪自己，相反，你应该为自己鼓掌，因为你一直在那里，给了孩子你的爱和接纳，在这个充满挑战的世界中，为了培养出一个有能力、有才干的年轻人，尽了你最大的努力。

当你在书中读到正确的做法，或者在电视中看到专家们的讲座时，你会觉得要把事情做好似乎挺容易的。但是，现实生活与书本或电视讲座不同。当你必须和一个活泼好动、充满好奇的男孩一起面对生活中的起伏跌宕时，当你必须想方设法帮他培养良好品德、教导他重要生活技能时，你难免会觉得，抚养儿子是一项相当艰辛的任务。毫无疑问，你在抚养儿子的过程中已经尽了力，没有谁能比"尽力"二字做得更好。

以你的判断为要

说一千道一万，究竟什么是最重要的，最终还需你来决定。花点时间回顾一下你之前列出的希望儿子拥有的品格清单。其中有多少他已经具备？你的大部分目标都实现了吗？如果你家也像大多数家庭一样，那么，你这一路上肯定既有成功之处，也有懊丧之时。你对儿子依然怀有你满心的期望和担忧，无论他去了哪里、取得了多少成就，你都永远不会停下对他的关心。

养育孩子是没有什么万全之策的。他会有很多优点，也会有一些缺陷。你也一样。要学会倾听你的内在智慧。你对儿子的爱，对他未来会成为怎样一个人的领悟，以及你本身的内在智慧，都将指引你究竟该怎么去做。

需要思考的几个要点

恭喜你！恭喜你养育出了一个快乐的、适应力强的儿子。当然了，在这漫长的旅途中，你曾几经挣扎，也几度跌倒，甚至导致过你和儿子之间关系的破裂，但是，你也做到了对他坦诚以待，包容接纳。你已经尽了最大的努力纠正自己的错误，你一直带着一双倾听的耳朵，认真关注着他真正在乎的事情。眼下，你儿子已经长大成人，开始了他自己的独立生活，这说明你的任务完成得非常出色。在你儿子走向成人世界之时，请记住以下几个需要思考的要点：

● 与儿子保持感情联结，这对你们双方都很重要。过去，你与儿子建立起了牢固的感情纽带，引导他步步成长，并逐渐从照顾者变成了他的导师。现在，他开始了自己的独立生活，每当他需要有人给他建议帮他渡过难关时，或者，当他只是想与人分享他在生活中的快乐时，你的陪伴对你们双方来说都会是无价的。这能让他知道他的背后始终有你守护着。

● 要对你儿子和他将要创造的人生充满信心，同时，也要记得为你自己作为有意识、有爱心的父母所做的一切努力而鼓掌喝彩。你们都做得非常出色。

THE CONSCIOUS PARENT'S GUIDE TO RAISING BOYS by Cheryl L.Erwin, and Jennifer Costa
Copyright © 2017 by Simon & Schuster, Inc.
Simplified Chinese translation copyright © 2024 by Beijing GoodReading Culture & Media Co., Ltd.
Published by arrangement with Adams Media, an Imprint of Simon & Schuster, Inc. through Bardon-Chinese Media Agency
ALL RIGHTS RESERVED

© 中南博集天卷文化传媒有限公司。本书版权受法律保护。未经权利人许可，任何人不得以任何方式使用本书包括正文、插图、封面、版式等任何部分内容，违者将受到法律制裁。

著作权合同登记号：字 18-2024-245

图书在版编目（CIP）数据

养育男孩 /（美）谢丽尔·欧文，（美）詹妮弗·科斯塔著；玉冰译. -- 长沙：湖南文艺出版社，2025.3. --ISBN 978-7-5726-2122-2
Ⅰ. G78
中国国家版本馆 CIP 数据核字第 20249MD398 号

上架建议：畅销·家庭教育

YANGYU NANHAI
养育男孩

著　　者：[美]谢丽尔·欧文　[美]詹妮弗·科斯塔
译　　者：玉　冰
出 版 人：陈新文
责任编辑：匡杨乐
出 品 方：好读文化
出 品 人：姚常伟
监　　制：毛闽峰
策划编辑：罗　元　王　戬
特约策划：颜若寒
文案编辑：朱东冬
营销编辑：刘　珣　大　焦
封面设计：红杉林文化
版式设计：红杉林文化
出　　版：湖南文艺出版社
　　　　　（长沙市雨花区东二环一段 508 号　邮编：410014）
网　　址：www.hnwy.net
印　　刷：北京美图印务有限公司
经　　销：新华书店
开　　本：875 mm×1230 mm　1/32
字　　数：223 千字
印　　张：9.125
版　　次：2025 年 3 月第 1 版
印　　次：2025 年 3 月第 1 次印刷
书　　号：ISBN 978-7-5726-2122-2
定　　价：49.50 元

若有质量问题，请致电质量监督电话：010-59096394
团购电话：010-59320018